高等教育名校建设工程特色专业规划教材

职场实用文体项目化教程

主　编　崔　洁

副主编　崔海英　康　燕　马　骏

中国水利水电出版社
www.waterpub.com.cn

内 容 提 要

本书内容全面系统，涵盖应用文写作的各个方面，所选文种兼顾学生在校期间、择业之时和就业以后所用所需，包括学习生活、应聘求职、工作事务、经济活动等所需各类常用应用文书。本书简化、条理化理论知识，以介绍各类文种的写作规范为重点，辅以与当下社会生活密切相关的例文，并设置病文诊断、写作训练、情境迁移、知识拓展等环节，强化实训，方便学生自主学习，顺利完成知识的迁移和能力的培养。本书内容丰富，条理清楚，讲解通俗易懂，具有很强的可读性和实用性。

本书可作为高职高专院校和本科院校公共课教材及相关专业教材，也可作为社会相关从业人员学习应用文写作的参考用书。

图书在版编目（CIP）数据

职场实用文体项目化教程 / 崔洁主编. -- 北京：中国水利水电出版社，2015.8（2019.8重印）
高等教育名校建设工程特色专业规划教材
ISBN 978-7-5170-3494-0

Ⅰ. ①职… Ⅱ. ①崔… Ⅲ. ①汉语－应用文－写作－高等学校－教材 Ⅳ. ①H152.3

中国版本图书馆CIP数据核字(2015)第185923号

策划编辑：石永峰　　责任编辑：宋俊娥　　加工编辑：夏雪丽　　封面设计：李　佳

书　　名	高等教育名校建设工程特色专业规划教材 **职场实用文体项目化教程**
作　　者	主　编　崔洁 副主编　崔海英　康　燕　马　骏
出版发行	中国水利水电出版社 （北京市海淀区玉渊潭南路1号D座　100038） 网址：www.waterpub.com.cn E-mail: mchannel@263.net（万水） 　　　　sales@waterpub.com.cn 电话：（010）68367658（发行部）、82562819（万水）
经　　售	北京科水图书销售中心（零售） 电话：（010）88383994、63202643、68545874 全国各地新华书店和相关出版物销售网点
排　　版	北京万水电子信息有限公司
印　　刷	三河市铭浩彩色印装有限公司
规　　格	184mm×260mm　16开本　11.5印张　282千字
版　　次	2015年8月第1版　2019年8月第4次印刷
印　　数	13001—14000册
定　　价	24.00元

凡购买我社图书，如有缺页、倒页、脱页的，本社发行部负责调换

版权所有·侵权必究

前　言

应用文作为现代社会信息传递与交流的载体，越来越受到大家的认同与重视。以培养职业技能型人才为己任的高职高专教育，将应用文写作作为一门重要的基础课程开设，将应用文写作能力作为一项必备基本技能来培养，是十分必要的。

本教材主要面向高职高专院校，采用项目化教学设计，编写力求突出教材内容的针对性、示范性、实用性、操作性。

以"必需""够用"为原则，本教材精选应用文书，设计了九个实践模拟训练项目，每个项目下设 2~4 个子项目，由"情境导入""项目架构""重点难点""学习内容""写作训练""情境迁移""知识拓展"七部分构成。通过"情境导入"，使学生学习具有现场感、真实感；借助"项目架构"，使学生了解学习任务组成，具有紧迫感；通过"重点难点"分析，使学生学习有针对性，能合理有效分配学习时间；通过"情境迁移"，使学生充分认识到应用文写作的实用性、重要性。

由于应用文写作课普遍作为公共选修课开设，时间少，课程内容种类繁多，针对高职学生擅长动手，喜欢讨论式、互动式授课模式等特点，本教材"学习内容""知识拓展"部分轻理论介绍，重案例分析。主要通过"病文"分析讲解知识，方便学生课下自主学习，独立完成学习任务，体现了以教师为主导，以学生为主体，以能力培养为主线的组织教学原则，具有较强的示范性和可操作性。

本教材采用项目化编写教学内容，学生以团队形式完成各项目任务，在具体实施过程中，学生的资料收集、文字写作、语言沟通、团队合作等各方面的能力都会得到有效的锻炼提升，将基础应用文写作能力与社会实践能力有效对接，实现了知识传授、技能培养、职业能力提升的一体化。

本书由崔洁任主编，负责全书的统稿、修改、定稿工作，崔海英、康燕、马骏任副主编。主要编写人员分工如下：项目一、项目二和项目四由崔洁编写，概论、项目三、项目六和项目七由崔海英编写，项目八和项目九由康燕编写，项目五由马骏编写。参与本书资料整理与编写的还有：吕长芳、王方、李小鹏、张同胜、贾春环、刘天羽。

在编写过程中，我们借鉴参考了国内许多同行专家的经验和成果，未能与各位作者和编者逐一取得联系，在此深表歉意，谨致谢意。限于编者水平，书中难免会有疏漏及不足之处，恳请同行、读者批评指正。

编　者
2015 年 6 月

目　　录

前言

概论 ·· 1
　第一节　应用文写作的性质与特点 ··· 1
　第二节　应用文的内容与结构 ·· 4
　第三节　应用文写作的语言 ··· 5
项目一　成立学习团队 ·· 10
　任务1　撰写会议纪要 ·· 10
　任务2　制作活动简报 ·· 13
项目二　策划迎新晚会 ·· 23
　任务1　撰写活动策划书 ··· 23
　任务2　练写各类条据 ·· 30
　任务3　设计宣传海报 ·· 35
　任务4　制作请柬（邀请信） ··· 36
项目三　成立大学社团 ·· 45
　任务1　提交申请书 ··· 45
　任务2　拟定工作计划 ·· 49
　任务3　制定规章制度 ·· 53
　任务4　下达活动通知 ·· 60
项目四　社会热点调查 ·· 71
　任务1　设计调查问卷 ·· 71
　任务2　撰写调查报告 ·· 78
　任务3　制作演示文稿 ·· 83

项目五　校园新闻报道 ·· 93
　任务1　发布活动消息 ·· 93
　任务2　采编人物通讯 ·· 98
项目六　网店模拟运营 ·· 108
　任务1　撰写说明书 ··· 108
　任务2　编写创意广告 ·· 111
　任务3　签订合同 ·· 116
　任务4　撰写营销策划书 ··· 120
项目七　职场求职招聘 ·· 128
　任务1　刊登招聘启事 ·· 128
　任务2　设计个人简历 ·· 131
　任务3　撰写求职信 ··· 135
项目八　运用法律维权 ·· 140
　任务1　撰写起诉状 ··· 140
　任务2　编写答辩状 ··· 147
　任务3　提交上诉状 ··· 152
　任务4　完成委托书 ··· 158
项目九　团队总结表彰 ·· 165
　任务1　进行团队（个人）总结 ··· 165
　任务2　公布表彰决定 ·· 172
参考文献 ·· 178

概 论

第一节　应用文写作的性质与特点

一、应用文的概念

应用文是机关、企事业单位、社会团体、个人在日常工作、学习和生活中处理公私事务时，使用的具有实用价值、固定或惯用格式的文体。

二、应用文的特点

1. 写作的实用性

应用文有明确的对象和目的，要求在应用写作过程中必须有针对性，有的放矢。这是应用文书最大、最本质的特点，是区别于文学作品和其他文体的主要标志。

2. 内容的客观性

应用文的内容强调真实，要求写作应用文时必须保证文中涉及的人或事是确有其人、实有其事，不能有丝毫的虚构、夸张；对问题的分析以及由此得出的结论要完全客观、符合事实，不能凭个人的好恶主观臆断。

文学作品的真实是艺术的真实。应用文书写作对真实性的基本要求是从实际出发，事实确凿可信，统计数据准确无误，有根有据。

3. 思维的逻辑性

在撰写应用文时，要讲究逻辑，体现在文章的结构上，就是要条理清楚，段落之间具有明显的逻辑关系。陈述的事项界限清晰，不交叉、不混淆；内容前后讲究因果，材料能够证明观点。

4. 格式的稳定性

每一文种在长期的使用过程中都形成了既定的格式，所以要求在写作过程中必须严格遵守应用文的固定格式。如果有法定格式，应该遵守法定格式；如果没有法定格式，则一定要遵守惯用或通用格式，切忌标新立异。

5. 语言的简明性

应用文写作的目的是实用，写作的语言要求简洁、明确、概括、精炼、通俗，恰当使用词语，根据不同的目的，使用专业词语。

此外，应用文写作还有时效性和读者范围的限定性等特点。

三、应用文的作用

应用文是一种工具，它在不同的历史时期，有着不同的作用。历代应用文对当时整个国家的政治、经济、文化、军事、外交等方面都起着重要的作用。任何一个国家，任何一个政党，任何一个部门或组织，要使其行政、组织机构正常运转，使其不断发展壮大，都是离不开应用文的。而对于个人而言，应用文也是每个人日常生活中不可或缺的一种工具，是衡量个人工作能力高低的重要标准之一。

1. 宣传教育作用

通过应用文来宣传和贯彻党的路线、方针、政策，如公文的写作。

2. 公务及个人联系作用

应用文是机关、团体、企事业单位及个人之间协商、联系工作的一种手段，如信函、启事、广告、合同等。

3. 法律法规作用

有些应用文特别是公文和规章制度所具有的法律法规的性质，对于规范人们的行为、维护正常的社会秩序、安定社会生活、保障公民的合法权益等方面均产生极其重要的作用。

4. 凭据和记载作用

应用文是一种确定的文字记录，它作为一种文字资料，是今后检查和监督的依据，如总结、条据、议案、可行性报告、审计报告等。

比较下列两篇文章的不同：

【例文】

中共中央、国务院关于制止乱砍滥伐森林的紧急指示
（一九八二年十月二十日中共中央、国务院发布）

当前，许多地方再次出现了乱砍滥伐森林的歪风，并且，这股风还在继续蔓延扩大。产生这种情况的原因，主要是有关的党、政领导机关，对违法毁林事件的严重性认识不足，打击不力，有的甚至不抓不管，听之任之。必须使同志们明白，当前，森林工作中确实存在一些问题，如增拨抚育基金、控制采伐计划、调整购销价格等，有的还没有解决，或没有完全解决，林区群众生活还有一些实际困难等，这些都必须有准备、有步骤地加以解决。

但是，这需要相当的时间。而对当前的违法毁林事件，决不可借口工作中存在缺点就可以有法不依，执法不严。国家制定的有关森林的法律、法令，体现着全国各族人民的根本利益，受到广大群众的拥护，甘愿犯法毁林的只是极少数，姑息放纵这些极少数犯法者是对人民的犯罪。只有对少数犯法者坚决给予打击，才能有效地刹住这股歪风，鼓励更多的人保护森林，发展林业，否则，百年树木，毁于一旦，将造成无法弥补的损失。为此，特紧急指示如下：

一、中共中央、国务院责成凡有森林地方的县委和县人民政府，负责监督护林法令的执行。望立即采取果断措施，限期制止乱砍滥伐森林事件。

无论任何单位或个人，利用任何手段侵占和破坏国有的和集体所有的山林，都必须彻底追查，依法惩办。对这些犯法者制止不力，就是失职，上级党委和政府必须追究县委书记和县长的领导责任。

…………

四、保护森林，发展林业是我国社会主义建设中的一个重大问题。对森林的保护和管理必须加强，在任何时候都不能丝毫放松。今后对乱砍滥伐歪风，应当随起随刹，绝不能手软。

各级党委和人民政府对坚决刹住当前乱砍滥伐森林的歪风，今后如何加强对森林的管理和保护，以及进一步落实林业政策等问题，一定要立即进行一次认真的检查，针对存在的问题，做出具体部署，切实把工作抓好，务求取得成效。

【例文】

伐木者，醒来！

1979 年春天，笔者曾有海南岛之行，一路上风光秀丽绿树成荫自不必说，在踏访五指山时却为扑面而来的浓烟滚滚所挡，询问之后才知道这是山民在烧山，从每年春节到 5 月是这里群众烧山的季节，刀耕火种，原来如此。

往浓烟深处走去，烟雾时浓时淡忽远忽近，在树木间飘忽，火光里一棵棵大树小树先是被浓烟吞没，继而是一树绿色变成焦炭状，然后小一些的树成为枯木倒下了，大树们则虽死犹立，必须再砍几刀才会倒下。

去年 5 月，有朋友从海南岛归来说及那边刀耕火种的情况，他所亲见的一如当年我所见到的，更令人不安的是盗伐森林的现象也日趋严重。刀耕火种是当地人民——尤其是黎、苗族少数民族几千年的习惯，借以获得粮食而谋生的；盗伐者却不一样了，就是为了发大财，而全然不顾一些珍贵树木的珍赏价值，窃为己有。我们谈到有待开发的海南岛，尽管闭塞、落后，自然资源却是十分富饶的，这一片片绿色便是难得的宝库啊！解放以来，海南岛上除了天然的森林以外，又种植了大量的以木麻黄、相思树为主的防护林带，抗风防沙，作为岛上自然森林植被的第一道防线，海南岛的海水蓝树木青花朵美无不与此血肉相关。

在森林被砍伐之后，我们所面临的沙漠、暴风、干旱、饥渴的危机，有的已经尝到了苦果，有的已经迫在眉睫！

开发海南岛的呼声不绝于耳，在这一块宝岛上我们自然可以做很多事情，笔者以为最紧要的应是保护森林，最大限度地植树造林，然后才是别的项目的开发和建设！

保护海南的热带森林已属刻不容缓，盗伐之声放火烧荒应该休矣！

（资料来源：本文为《伐木者，醒来！》（作者徐刚）中的一章，原题为《在阳光下和月光下，中国的盗伐之声》，原载《新观察》1988 年第 2 期。）

【评析】

第一篇文章属于应用文书，采用公文事务语体，主旨鲜明，材料概括，结构严谨，语言严密、简洁、庄重，体现了公文的权威性。文章清晰地阐明了发放公文的起因及必须采取的措施。

第二篇文章是报告文学《伐木者，醒来！》的节选，作者运用文学语言，通过对其亲身经历的描写，形象生动地向人们诉说盗伐森林、放火烧荒将导致不可挽回的恶果，呼吁保护森林"刻不容缓"。

两篇文章针对的是同一事件，倡导的也都是"保护森林"，但其行文风格、写作样式则完全不一样。一个是文学体裁，一个是应用文书。

第二节　应用文的内容与结构

一、应用文的内容

（一）应用文的主旨

1. 主旨的含义

主旨是指作者在说明问题、发表主张、反映生活现象时，通过全部文章内容所表达出来的基本观点。

2. 主旨的作用

主旨是贯通全文的写作目的，能够强化信息材料的选择，起到"灵魂"和"统帅"的作用。主旨必须能统摄材料，是所属材料的集中概括或实质性的反映。

（二）应用文的材料

材料是形成主旨和构成文本的物质基础，是表达主旨并获取认同的根本保证。

1. 材料的含义

材料指作者为了某一写作目的，搜集到或写入文章中的事实、理论依据。材料有广义和狭义之分。

广义的材料，泛指已被作者关注、并意识到具有某种写作价值而进行搜集积累，以备写作时选用的一切原始材料。

狭义的材料，专指经过作者的选择，写入文章中，成为文章构成要素之一的那部分事实现象、理论依据、数据等。

2. 材料的种类

根据来源不同，可分为直接材料和间接材料；根据可靠度，可分为事实材料和虚构材料；根据组合方式，可分为本体材料和背景材料等。

3. 材料的搜集、整理和分类

搜集材料可通过观察法（点面结合法、由表及里法、方位程序法）、感受法（直接感受和间接感受）和调查法（采访法、考察法、问卷法、文献检索）等途径。

在选择材料时，应围绕观点进行，尽量选择真实准确、典型、新颖、生动的材料。

材料选择好后，应将其整理、归类，具体步骤是：标注每条材料的中心；把内容相同的材料合并，分成几个部分；再将上一步中分好的材料进行细分，从而找出文章需要的材料。

二、应用文的结构

应用文的结构是指应用文围绕要说明的几个问题而安排材料、谋篇布局的方式。它与一般文章一样，包括开头和结尾、段落和层次、过渡和照应。应用文的结构应根据突出主旨的需要，按应用文的写作规律和文种特点来进行。

1. 开头和结尾

应用文写作的开头一般采用概述式、目的式、根据式、说明式或提问式等方式开门见山地点出问题所在。应用文写作的结尾一般采用总结式、号召式、说明式或惯用语等方式收束全篇文章。

2. 段落和层次

段落指自然段，即应用文中能够表达一个完整意思而又相对独立的基本构成单位，是在行文中自然形成的分隔、停顿。应用文写作过程中，既要确保每一段落能相对完整地表达出一个中心意思，具备完整性与单一性；又要注意段与段之间的逻辑联系，使文章层次鲜明。

3. 过渡和照应

过渡是指应用文的上下文之间的衔接、转换。过渡的方式，主要是用过渡段、过渡句和关联词语，如"综上所述""总之""所以""因此"等。

照应是指文章前后内容的关照、呼应。一般要做到首尾照应、前后照应、题文照应等。

第三节 应用文写作的语言

一、应用文的语言特点

1. 准确

用词准确——用词恰当，表意确切；

辨别词义——根据表达需要选择表示感情色彩、范围和程度的词语；

造句规范——造句合乎语法规范，避免出现成分残缺，搭配不当等语病；

合乎逻辑——语言表达合乎逻辑，恰当得体。

2. 明晰

即简洁明了，力求简短扼要。根据表达需要，选择意义通俗、明了的词语，多使用习惯用语及经常使用的缩略语，杜绝啰嗦、重复或可有可无的表达。不生造词语，不写错别字，正确使用标点符号。

3. 质朴

即用语言真实、自然、贴切地表达出明确、充实的内容。应用文语言不同于文学语言，不必运用描写、抒情的表现手法，不必曲折、设置波澜、悬念，更不必追求华丽的词藻。应用文写作应以达意为主，"有真意、去粉饰，少做作，勿卖弄"，用平实的语言，实事求是地叙述过程，恰当地说明事物，严谨地阐明道理。

4. 庄重

应用写作不宜使用文学语言，也不宜使用口语、方言、不规范的简称等词语，要使用应用文专用语。此外，多用陈述句和祈使句，少用或不用感叹句和疑问句。

【例文】

一则官司由下列文字引起：

"合约规定：该公司聘请××作为品牌形象代言人。制作后的广告可以在中国内地电视媒体和平面媒体上展示或刊登。（平面媒体包括报章、杂志、户外广告位包装及各销售点等）。"

【评析】

该合同在撰写过程中由于没有正确地使用标点符号，最终导致纠纷：××状告该公司违反合同约定，在该公司生产的水果罐头产品的外包装上使用××的肖像，属于侵权。

该公司认为，起草合约书时他们粗心大意，在"平面媒体包括"这一条款中，漏掉了在"户外广告位"和"包装"之间的顿号，其生产的水果罐头产品的外包装上使用××的肖像，是在合约范围内，并没有侵权。然而××认为，合约规定在"户外广告位包装"使用肖像，并非在"包装"上使用。所以该公司在产品外包装上使用他的肖像，属于侵权，索赔60万。

二、模式化用语

1. 称谓词

即表示称谓关系的词。在应用文中，涉及机关时，一般应直呼机关的全称或规范化的简称；涉及个人时，要直呼对方的职务或"××同志""××女士"。在表述指代关系的称谓时，一般用下列专门词语：

- 第一人称："本""我"，后面加上所代表的单位的简称，如本院、我部、我公司等；
- 第二人称："贵""你"，后面加上所代表的单位的简称，如贵院、你部、你公司等；
- 第三人称："该"，可用于指代人、事物或单位，如"该生""该部""该公司"等。

2. 引叙词

即指用于引出应用文撰写的根据、理由或应用文具体内容的词。应用文的引叙词多用于文章的开端，引出法律、法规及国家政策做依据，或引出事实做根据；用在文章的中间，起过渡的作用。一般情况下，借助引叙词可以使应用文写得开宗明义。常用引叙词包括：根据、为了、悉、近（惊）闻、为……特……、前（近）接……等。

3. 经办词

即用来说明工作处理过程的已然时态，表明处理时间及经过情况。在使用时，应注意这类词语在表述次数和时态方面的差异。包括：兹经、业经、复经、均经等。

4. 承转词

又称过渡语，即承接上文转入下文时使用的关联词、过渡用语。承转词用在陈述理由及事实之后引出作者的意见和方案。包括：为此、据此、综前所述、总而言之、总之等。

5. 期请词

即指用于向受文者表示请求和希望的词语。使用期请词的目的在于营造机关之间相互尊重、团结友爱的氛围，从而建立和谐的工作关系。包括：即请查照、希即遵照、希、希予、恳请、烦请、务求等。

6. 商洽词

即用于征询对方的意见和反应，具有探询的意味。这类词语一般用于公文的上行文、平行文中。在使用时要有实际的针对性，即确定需征询对方的意见时才使用。包括：当否、妥否、是否可行、是否同意等。

7. 受事词

即向对方表示感谢、感激时使用的词。受事词属于客套语，一般用于平行文或涉外的公文。包括：蒙、承蒙等。

8. 命令词

即表示命令或告诫证据的词语。命令词的作用在于增强公文的严肃性与权威性，引起受文者的高度重视。包括：着令、特命、责成、着即、不得有误等。

9. 目的词

即直接交代行文目的的词语。人们在撰写应用文尤其是公文时，都有明确而具体的目的，有针对性地使用简洁的词语加以表述，以便受文者正确理解并迅速办理。

- 用于上行文、平行文的目的词，还需加上期请词，包括：请批复、请指示、请告知等；
- 用于下行文的目的词包括：查照办理、遵照办理、参照执行等；
- 用于知照性的文件的目的词包括：周知、备案、审阅等。

10. **表态词**

又称回复用语，即针对对方的请示、问询，表示明确意见时使用的词语。在使用表态词时，应对公文中的下行文和平行文严加区别。包括：照办、同意、不宜、不可、遵照执行等。

11. **结尾词**

即置于正文最后，表示下文结束的词语。使用结尾词，有助于使文章表达得更简练、严谨并富有节奏感，从而赋予文章庄重、严肃的色彩。包括：特此报告、为要、特此函达、敬礼等。

三、应用文的表达方式

（一）记叙

记叙是以记述人物或事件的发展过程、变化过程来表达思想的一种表达方式。记叙的具体写作要求是：

（1）记叙要素必须交代清楚。记叙要素包括时间、地点、人物、事件、起因、经过、结局等。这些要素是把事实说清楚最起码的条件，是使读者认识事物、掌握内容的基本要点和线索，因此不能有差错和纰漏。

（2）重点突出，层次清楚。即围绕事件的主题，主次详略恰当。

（3）记叙方法视表述需要而定。一般采用顺叙方法，使叙述的层次、段落与事件、管理活动的发展顺序等相一致。

（二）说明

即用简明扼要的文字，把事物或事理的状态、性质、特征、成因、关系、功能等解说清楚，把人物的经历、特点等表述明白。说明的作用是：

（1）介绍背景材料和环境，可为叙述做好铺垫，可为议论提供依据。

（2）总结、简报、调查报告、工作报告、表彰、处分决定或通报介绍有关人员或单位，常用说明。

（3）法规、规章和管理规章文书、专用书信以及启事、经济合同、广告等也常用说明。

说明在应用文写作中有着广泛的应用，常用的说明方法有定义、分类、举例、比较、数字、引用、图表说明等。说明要做到客观、准确、科学。

（三）议论

即说理和评判，是作者通过事实材料及逻辑推理来明辨是非、阐发道理、表明见解的一种表达方法。一般来说，议论是由论点、论据和论证三个要素构成。论证方法有归纳、例证、引证、类比、反证、喻证、对比、归谬、因果法等。议论的具体写作要求是论点正确明确、论据充分翔实、论证有力规范。

【例文】

寻物启事

本人于 6 月 2 日上午在校医院挂号时，不慎将随身所带红色书包丢失，内有课本、《英汉词典》、眼镜等物。考试临近心急如焚。有拾获者请致电 13312345678，或移步男生宿舍 3 栋

302 室，将不胜感激。

×××
2014 年 6 月 2 日

关于商洽代培统计人员的函

××财经大学：

得悉贵校将于 3 月份举办统计人员讲习班，系统培训统计工作人员。国务院《关于加强统计工作的决定》下达后，我厂曾打算集训现职统计工作人员，但由于力量不足，未能实现。现在贵校决定办讲习班，我厂拟派 10 名统计人员随班学习，请你们代培。如同意，将是对我厂统计工作的有力支持。代培所需费用由我厂如数拨付。盼予复函。

此致
敬礼！

××机床厂（公章）
2014 年 2 月 16 日

邀请书

××先生：

为纪念鲁迅先生诞辰 133 周年，我会定于 2014 年 9 月 25 日在××市××宾馆举行鲁迅作品学术研讨会。素仰先生学养深厚，对鲁迅作品深有研究，现特发函诚邀阁下届时莅临研讨会发表高见并提交学术论文。

恭候回音。

联系地址：××市××区 23 号××
联系电话：1384568×××

鲁迅作品学术研究会（印章）
二〇一四年八月十日

写作训练

1. 进行一次校内调查，看看学校日常办公、学习、生活中会用到哪些应用文种。

2. 填空

A. 应用文写作与文学写作最本质的区别是_____。此外还具有_____、_____、_____、_____的特点。

B. 应用文使用第一人称时，应在单位前加上_____或_____。

C. 应用文写作的表达方式有_____、_____和_____，而一般不用描写和抒情。

D. _____防止计算机 2000 年问题，_____国务院批准，_____将有关问题通知如下。（填写合适词语）

3. 下面前后两段文字都是为了说明"我县教育事业蓬勃发展"这个观点，试比较初稿和修改稿在使用材料方面的优劣。

初稿：

解放以来，我县教育事业发展很快。不但办起了中小学，还办起了中专、技校，甚至大学；在校学生人数已占全县人口的四分之一，专职教师已逾两千。还聘请了不少有实践经验的兼职教师。全县乡级以上领导干部和科技人员中，百分之八十是解放后的学校培养出来的。

修改稿：

解放以来，我县教育事业蓬勃发展。解放前，全县仅1所中学、十几所小学，现在已有小学635所、普通中学40所、职业中学4所、中专技校10所、高等学校4所；各级各类在校学生已达23万人，专职教师共2300多人；适龄儿童入学率达99.6%，全县1986年已普及初等教育；幼儿教育、特殊教育、成人教育也都有较大发展。

项目一　成立学习团队

情境导入

为完成"职场实用文体"课程项目化学习,需成立若干学习小组。现由各组组长召开第一次小组会议,确定各期项目负责人,明确项目负责人、成员分工及职责。

项目架构

1. 完成第一次小组会议的会议纪要;
2. 制作一期简报。

重点难点

教学重点:会议纪要与简报的写作格式、写法要求。
教学难点:会议纪要与会议记录的区别;简报与报纸的区别。

学习内容

本项目涉及的应用文体有:会议纪要、简报。

任务1　撰写会议纪要

一、会议纪要概述

(一)会议纪要的概念

会议纪要是记载和传达会议情况及议定事项的公文,是会议文件的一种。

会议纪要一般制成于会议后期或结束之后,除具有指导性之外,还可用文件形式发送给有关单位或部门,沟通情况,知照事项;或上呈有关领导机关,汇报会议精神。它的行文方向比较灵活,可上行文、下行文和平行文,具有多种功能。

(二)会议纪要的种类

根据会议的主要内容和类型,可分为两种会议纪要。

1. 办公会议纪要

将日常办公会议(多为例会)研究讨论、做出的决定进行概括记录。

2. 专题会议纪要

专题会议纪要是对专题会议,如研讨会、座谈会、经验交流会、学术讨论会等研究讨论问题的情况、结果的择要反映。

(三)会议纪要的特点

1. 内容的纪实性

会议纪要应如实地反映会议内容,它不能离开会议实际搞再创作。

2. 表达的要点性

撰写会议纪要应围绕会议主旨及主要成果来整理、提炼和概括。重点应放在介绍会议成果，而不是叙述会议的过程，切忌有闻必录，记流水账。

3. 称谓的特殊性

会议纪要一般采用第三人称写法。由于会议纪要反映的是与会人员的集体意志和意向，常以"会议"作为表述主体，如"会议认为""会议指出""会议决定""会议要求""会议号召"等。

二、会议纪要的结构与内容

（一）会议纪要的结构

可以根据实际制定，通常由标题、日期、正文三部分构成。

1. 标题

（1）由会议名称、文种组成，如《五年制高职语文课程标准研讨会议纪要》。

（2）由召开会议的机关、内容、文种组成，如《省环保厅关于治理空气雾霾会议纪要》。

2. 日期

成文日期通常写在标题之下，居中，并用括号括起；也可以在文末右下角标明日期。

3. 正文

会议纪要正文一般由两部分组成。

第一部分，会议概况。主要包括会议时间、地点、名称、主持人、与会人员、召开该会的目的与依据、会议基本议程等。然后用"现将会议纪要如下"之类过渡性句子转入主体。

第二部分，会议的精神和议定事项。对会议的事项进行归纳、整理，按观点或内容分成若干段落，形成概括性文本。

（二）会议纪要的写法

根据会议性质、规模、议题等不同，大致可以有以下几种写法：

1. 集中概述法

即把会议的基本情况，讨论研究的主要问题，与会人员的认识，议定的有关事项（包括解决问题的措施、办法和要求等）用概括叙述的方法进行整体的阐述和说明。这种写法多用于召开小型会议，而且讨论的问题比较集中单一，意见比较统一，容易贯彻操作，篇幅相对短小。如果会议的议题较多，可分条列述。

2. 分项叙述法

把会议的主要内容归纳成几个大问题，然后另加标号或小标题，分项来写。这种写法侧重于横向分析阐述，内容相对全面，问题也说得比较细，常常包括对目的、意义、现状的分析，以及目标、任务、政策措施等的阐述。这种纪要一般用于规模较大、内容复杂的会议。

3. 发言提要法

这种写法是按照会上发言顺序，摘录每个人发言的主要内容。这种写法能比较如实地反映与会人员的意见。此写法主要用于座谈会纪要。某些根据上级机关布置，需要了解与会人员不同意见的会议纪要，也可采用这种写法。

三、会议纪要与会议记录的区别

1. 性质不同

会议记录是讨论发言的实录，属事务文书；会议纪要只记要点，是法定的行政公文。

2. 功能不同

会议记录一般不公开，无须向有关人员传达或传阅，只作资料存档；会议纪要通常要在一定范围内传达或传阅，要求贯彻执行。

会议纪要是在会议记录的基础上，对会议的主要内容及议定的事项，经过摘要整理的、需要贯彻执行或公布于报刊的，具有纪实性和指导性的文件。

【病文诊断】

电商四班三组"校园调查"讨论会议纪要

  时间：2014 年 11 月 20 日

  地点：合堂六

  主持人：刘恺伦

  与会人员：四班三组全体成员

我们电商四班三组根据《职场实用文体》项目四学习任务要求，召开了小组讨论会。讨论中大家发言积极，讨论热烈，最后做出几项安排：

确定调查议题："大学生网购情况调查"作为我们小组的调查题目。经过讨论，大家一致认为陈静、金舒当我们的项目负责人最胜任。再就是完成了每个人的工作安排：臧婷、孙庆、陈静负责设计调查问卷；刘恺伦、秦征负责发放、回收调查问卷，并且负责完成数据统计；分析数据，撰写调查报告由唐文娴、孙芮负责；由冯萍、张哲根据调查报告设计制作 PPT；最后由金舒、李婷、刘恺伦做调查成果汇报、评比。我们要认真做好本职工作，互相帮助，集思广益，一定在校园热点调查实践活动中高质量、高水平地完成任务，争取在汇报展示中取得优异的成绩。

【评析】

（1）格式不规范：缺少成文日期。与会人员如果人数不多，应列出到会的全部人员的姓名。如有缺席人员，人少的会议也要列出缺席人的姓名；人多的会议要说明缺席人数。

（2）语言不规范、简明：应采用第三人称，以"会议"做主语。

（3）结构层次不清：正文内容一段到底，缺乏层次。

【例文】

××职业学院专业课教师座谈会议纪要
（2014 年 12 月 25 日）

  时间：2014 年 12 月 23 日星期三下午 13:00－14:00

  地点：办公楼 427 室

  主持：陈君（语文教研室主任）

  参会人员：李萍（电子系教研室主任）、刘洁（电子系教师）、沈小青（多媒体教研室主任）、董学群（计算机系教师）及语文教研室所有教师。

缺席人员：卫红（电子系教师）外出学习。

陈君主任首先向各位专业课老师介绍了举办此次座谈会的背景，并为新版五年制语文教材的编写提出宝贵意见与建议。会议中，各位专业课老师围绕座谈提纲分别谈了各自的思考与建议。最后会议达成以下共识：

首先，基于语文课的重要作用，建议语文课应一直跟进，开设4年，可以根据专业需要，到高年级与专业课老师沟通，合理设计相应的授课内容。如上课程设计课，为成功推销产品，需要借助课件，进行演讲，这就需要语文教师做相应的教学辅导。

其次，高职院校的语文教学应不同于普通本科院校，应结合学生的知识水平和专业学习的需要，体现职教特色，突出实践性、实用性。建议重新制定课标，根据不同专业制定不同的课程标准，讲授内容也应有不同侧重，使语文教学起到辅助专业课学习的作用。

再次，语文教学应侧重现代文阅读、口语训练、书面写作、语文拓展活动，并与专业课相结合，提高学生的分析、理解、口头及书面表达能力。同时，通过文学作品潜移默化的熏陶，培养学生有责任、有担当，以及自立、积极、勤奋等优秀的品质精神。

会议表示，语文教研室将认真整理座谈内容，把各位专业教师的建议写进调查报告，上报××省五年制高等职业教育语文课程标准研发组，为新课标的制定，新教材的编写提供宝贵的参考。

【评析】

本文开始简要介绍会议概况，接着用一个过渡句引出会议议定事项，归纳为三点，最后是会议的决定。全文结构完整，条理清楚，重点突出，语言简明。

任务2　制作活动简报

一、简报概述

（一）简报的概念

简报，就是简明扼要的情况报道，它是机关团体、企事业单位编发的用以反映情况、沟通信息、交流经验、指导工作的一种内部文书。

简报是一种定期或不定期出版的综合性文书，只在内部交流，不予公开发表。简报每期由文书部门编辑，刊登的文章少则一篇，多则几篇，用简明的文字把社会动态、组织内部的活动、经验、问题等及时地反映出来。

（二）简报的种类

简报的种类较多，按内容和性质划分，可以分为以下四种。

1. 工作简报

报道本单位工作及业务活动情况的简报，也称情况简报。包括工作的进展、成绩问题、经验教训、政策指示执行情况、干部任免、人员往来及一些突发事件等。从中可概观本单位在一段时间内日常工作的进展情况，获得总体印象。这种简报一般需要定期编发。

2. 专题简报

专题简报也称中心工作简报，它是一种围绕某一阶段的中心工作或某项重要工作而专门编发的简报。其目的在于及时反映工作进展情况，从而促进工作的顺利开展。这种简报随工作的结束而终止。

3. 会议简报

会议简报是某些大型、重要的会议在会议期间连续编发的简报。可以是综合性的，也可以专就一件事或一个问题而编发，如会议的开幕式、各阶段进程、讨论发言、通过的决议等。其目的在于交流会议情况，传递信息，开好会议。

4. 动态简报

动态简报包括情况动态和思想动态。一般是某专门机构为配合某项中心任务而编发的。这类简报时效性、机密性较强，要求快编快发，发送范围有一定限制，有一定时间段的保密期。

（三）简报的特点

1. 简洁性

简报，顾名思义，是一种"简短的报道"，它要求题材单一，文字与篇幅简洁、短小。

2. 新闻性

简报是一个系统、一个部门内新近发生的有意义的事实报道，强调内容上的新鲜性。

3. 快速性

快编快发是简报的生命力所在，简报贵在及时迅速地反映情况、传递信息，以充分发挥其效用。

4. 指导性

简报作为各级机关的"耳目""喉舌"，理应正确反映党和国家的方针、政策，反映国内外形势的发展变化，回答迫切需要解决的问题，使其具有指导意义。

5. 非公开性

简报作为内部刊物，其内容为内部消息，读者范围亦为内部成员，故限于组织内部传播，有的甚至要求保密。

二、简报的结构与内容

简报的格式比较固定，由报头、报体、报尾三部分组成，其中报头和报尾有约定俗成的书写格式。

（一）报头

报头在简报的首页上方，约占全页三分之一的位置，一般都事先印成固定的格式。报头部分包括以下内容：

1. 简报名称

一般包含能体现单位、部门或工作特点的限制词，如"金融简报""两会信息""种植园地"等，用套红印刷的大号字体，上端居中排印。

2. 期号

一般在简报名称正下方加上括号写明期号，如"（第×期）"，也可以不加括号。如果是增刊，则要注明"增刊"字样，并单独编排期数。

3. 密级

有的经济简报内容涉及经济机密则需要密级，密级分绝密、机密、秘密三种，需要根据内容的保密程度而定。有的则写"内部文件"或"内部刊物，注意保存"等字样。标注在简报名称的左上方。

4. 编发单位

编发单位位于名称期号的左下方,要写明编发单位的全称或规范化的简称。会议简报一般注明"××会议秘书处"。

5. 印发日期

印发日期写在与编印单位平行的右侧。年、月、日要写全,不能随意省略。

6. 编号

保密简报一般还需要加上编号,以利于收发、存档。编号位置同密级相对,标在简报名称右上角。一般简报就不必加编号了。

报送、报体之间用一条或两条粗红线隔开。

简报格式一般如下所示:

编号(可选)   密级(可选)

× × 简 报(大号字,套红,必备)
第×期(必备)

编制单位(必备)   ×年×月×日 (必备)

编者按(可选)

标题(必备)
正文(必备)

供稿者(可选)

抄送(可选)   共印××份(必备)

(二)报体

报体主要由按语、标题、正文三部分组成。

1. 按语

简报的按语即编者按,是编者对编发稿件所做的说明或批注,也是用来表明办报单位的主张和意图。常见的按语有以下三种:

(1)说明性按语。

说明编发稿件的意义,提供有关背景,以帮助读者理解。

(2)提示性按语。

一般提示内容的重点和要点,加在内容重要、篇幅较长的稿件前,便于读者抓住中心,掌握要领。

(3)指示性按语。

也叫要求性按语,主要写在具有典型意义或指导意义的稿件前面。一般要申明意义,表明态度,提出希望和要求。

按语不是简报必备的结构要素,有些简报可以不写按语,是否需要按语,视稿件情况而定。按语的作者一般由编发机关指定人员撰写。

2. 标题

标题是简报正文内容的概括，每篇简报必须有标题。标题的写法与报纸上发表的新闻（或消息）的标题类似，可以采用单行标题，如《著名文学家张×莅临我校"龙泉讲坛"》；也可以采用双行标题，如《一方有难，八方支援——学院师生员工积极参加赈灾义捐活动》；还可以用三行标题，如《只有识别才能杜绝——"3·15"假冒伪劣产品展示会——500种伪劣假冒产品当众曝光》。

3. 正文

简报正文的结构安排，没有固定的模式。原则是根据报道意图和具体内容的需要，能够简要清楚、准确无误地传递信息。常见的写法有五种：

（1）新闻式。

这是简报最基本的一种结构模式，与新闻稿的写法相似。不同的是简报的要求不那么严格，不必导语、背景、主体、结语样样齐全，而往往有导语式的开头，然后或按类别区分，或按时间先后、或按内在逻辑顺序叙述具体情况。

（2）总结式。

写法类似经验总结，但不像总结那样面面俱到，而是扼要介绍。一般先简单交待事实背景，然后或一二三四罗列或采用小标题引述具体做法。

（3）指示式。

上级机关对下级机关部署工作可以编发简报，它不同于公文，不具有行政效力，只是参照执行。一般先以导语写明指示的目的和意义，然后分条列项说明具体的指示内容。

（4）短讯式。

这是一种适用于内容单纯、事实性较强、性质相同或相近的信息的结构模式，无所谓开头、结尾、过渡，一般按并列关系把材料汇编在一起。

（5）转发式。

这是用简报的形式转发对本单位（或本系统）有借鉴或参考作用的重要文章，编发时需要加"编者按"，一般用于提示说明所转发材料的内容和意义。

（三）报尾

报尾是在简报正文结束后的末页底部，用两条平行横线与正文隔开，平行线中间的左侧注明简报发送范围，右侧注明印刷份数，有的还要注明拟稿人、核稿人或责任编辑姓名。

【例文】

工作简报

第 6 期

××大学校长办公室　　　　　　　　　　　　　　　　2011 年 11 月 26 日

财政部专家组来我校
对 2006 年共建基础实验室项目进行评估

11 月 18 日，财政部"中央与地方共建高校实验室项目"评估专家组一行 8 人，对我校申报的 2006 年 4 个共建基础实验室项目：语音实验室、计算机实验中心、金工实习基地（二期）

和信息技术实验室进行了现场评估。

当天上午，评估汇报会在校学术会议中心举行。省财政副厅长汪××，校领导董××、陈××，校长助理林×以及校财务处、教务处、资产处、校办等部门主要负责同志和项目申报单位相关负责人参加了会议。

评估会上，专家组组长杨××作了评估要求和程序的说明。陈副校长代表学校从学校概况、2006~2008年基础实验室项目规划、2006年共建项目成效等五个方面向专家组作了汇报。2006年各申报项目负责人也就本项目情况进行了单项汇报。

专家组在实地考察和听取汇报的基础上，就项目的有关问题进行了询问并与我校深入交换了意见。经过研究，专家组对我校申报的4个建设项目给予了很高的评价：方向正确、管理规范、环节完整、规划合理。预计专家组将在近期内就我校对4个项目建设的调整方案和评估情况上报财政部。

本次评估得到了省财政厅的重视，汪××副厅长亲临现场，表达了对专家组辛勤工作的感谢和对××大学各项管理工作成效的充分肯定，并对我校项目建设工作提出了具体要求和指导意见。

（财务处）

【病文诊断】

简 报

第 1 期

××大学携程羽毛球协会　　　　　　　　　　　　　　　　2014年10月23日

球场竞技　挥洒青春
——"携程杯"羽毛球比赛

2014年10月22日至23日，我院携程羽毛球协会的主要负责人及全体干事在羽毛球场共同组织了2014年第三届"携程杯"羽毛球大赛。

我协会组织"携程杯"羽毛球大赛的工作人员于22日8:30在羽毛球场集合，会长吴天然分配完任务后，在各部部长的带领下，工作有条不紊地展开。上午完成了男单项目的预赛，下午13:30开始，继续进行了女单、男双、女双和混双项目的预赛；次日上午9:00开始女单、男双、女双和混双几个项目的决赛，在23日下午13:00，各项比赛圆满完成。协会工作人员对各位参赛者给出了公正的排名。

我协会积极开展体育活动，鼓励广大同学积极参与，共同丰富校园文化。此次羽毛球大赛，不仅使同学们的身体得到很好的锻炼，娱乐了身心，同时大家还以球会友，结交了志同道合的朋友，使我院大学生的精神状态和生活面貌得到了提升。

抄报：学生处、校团委、学社联	校对：×××
抄送：各社团	打印：××份

【评析】

这篇简报的结构合理，但语言不够简洁。比如第一段可改为：2014年10月22日至23日，携程羽毛球协会在羽毛球场组织了××大学第三届"携程杯"羽毛球大赛。

三、简报的写作要求

1. 简明扼要

一个"简"字代表了简报的基本特性。首先，简报刊登的文章要选材精当，切忌面面俱到；其次，文字篇幅简短，以尽量少的文字交代重要内容，以有限的篇幅传播更多的信息。最好是千数字，至多也不要超过两千字。

2. 迅速及时

简报在各种文件中以"新""快"著称，应及时迅速地把有价值的信息反映出来，对工作中、会议中出现的新动向、新问题及时加以捕捉报导。因此，在收集信息、整理材料、编写发送等各个环节都要有强烈的时间观念。

3. 典型真实

简报应精选有代表性、说服力、普遍典型材料进行报道。简报最主要的作用是向上级领导机关反映情况，让下级部门了解本单位工作动态，它所提供的信息既要反映本单位的工作方向和进程，还影响着领导机关对工作状态做出的判断。因此，简报所反映的内容一定要真实可靠。

四、简报与报纸的异同

1. 相同点

（1）都要求其内容真实。对于新闻来说，真实是它的生命；对于简报来讲，简报是领导决策的依据，内容真实，才会使领导决策不至于失误。

（2）都要求尽快发布。

（3）都要求语言生动、活泼，文章可读。

2. 不同点

（1）出版周期不同。报纸是定期的；简报多是不定期的。

（2）阅读对象不同。报纸是公开发行，人人可读；简报是限额发行，只有相关人员可以阅读。

（3）内容不同。报纸上发布的新闻可以是任何事情，包罗万象；简报主要是登载本单位、本系统及会议有关情况。

写作训练

1. 结合《职场实用文体》项目化学习，围绕学习团队的某次会议，撰写一份会议纪要。

2. 本周末，学院无线电爱好者协会深入附近社区，为居民免费维修小家电，请就此次活动发一期简报。

3. "双十一"期间，学院电子商务专业的一个班被派往济南某汽贸公司，进行电商促销。请就此次校企合作发一期简报。

情境迁移

情境一：某社区委员会派工作人员，参加有关部门召开的"春节期间加强社区居民防火防盗观念的工作会议"。需做好会议记录，撰写会议纪要。

情境二：新峰科技有限公司承接到为济南某医院安装调试病房呼叫系统业务，为确保此项业务的顺利完成，公司领导决定成立专门小组。公司经理亲自主持召开会议，宣布济南某医院呼叫系统安装调试小组正式成立。会上确定了此项目的具体负责人，明确了项目负责人及各成员，并就技术支持、安装调试、维修检测、升级服务等职责进行分工。

情境三：××集团公司把新入职员工拉到济南南部山区乐沃户外拓展基地，通过户外集体活动，对新员工进行团队合作意识培养，请就此次培训发一期简报。

情境四：××银行部分工作人员在推销理财产品过程中，由于对客户缺失产品投资风险警示环节，导致部分客户因不能实现投资预期收益而投诉银行。请以此发一期工作简报，系统内部传阅。

知识拓展

会议记录

一、会议记录概述

（一）会议记录的概念

在会议过程中，由记录人员把会议的组织情况和具体内容记录下来，就形成了会议记录。"记"有详记与略记之别。略记是记会议大要，会议上的重要或主要言论。详记则要求记录的项目必须完备，记录的言论必须详细完整。若需要留下包括上述内容的会议记录，则要靠"录"。"录"有笔录、音录和影像录几种，对会议记录而言，音录、像录通常只是手段，最终还要将录下来的内容还原成文字。笔录也常常要借助音录、像录，以之作为记录内容最大限度地再现会议情境的保证。

（二）会议记录的作用

（1）会议记录可用作会后传达会议内容、执行会议决议、贯彻会议精神以及撰写会议纪要的依据资料。

（2）会议记录可作为以后的回顾、检查、总结工作落实情况，分析、研究今后工作的重要参考资料。

（3）会议记录被作为重要的档案资料立卷存档。年长日久之后，要查证当时的情况，就只有靠会议记录了。

二、会议记录的结构与内容

会议记录是会议的实录，一般分为两个部分：一部分是记录会议的基本情况；另一部分是记录会议的主要内容。

（一）会议的基本情况

- 标题：由会议名称+文种构成。如《××大学2015年招生工作会议记录》。
- 召集方：召集会议的单位或机构，要写全称。
- 时间：要写清年、月、日及会议开始的具体时间。
- 地点：写清召开会议的场所名称。
- 出席人：是指按照规定必须参加的人。人数不多的会议，要把出席人的姓名全部列出。
- 缺席人：人少的会议要写清缺席人的姓名，人多的会议要记明缺席的人数。
- 列席人：指参加会议有发言权但没有表决权的人。多者只需记明人数，少者要写清列席人的姓名。

- 主持人：签名。
- 记录人：签名。

会议的基本情况，应该在开会前写好。

（二）会议的主要内容

要记录与会者的发言、形成的决议等内容。这是会议记录的核心部分。

关于发言的内容，对于比较重要的会议和重要的发言，可作详细记录，尽量记录原话；对于一般性的会议，作摘要性记录，只记录会议要点和中心内容即可。

会议结束，记录完毕，另起一行写"散会"二字；如中途休会，则要写明"休会"字样。在会议记录末尾右下方，可由会议主持人和记录者签名。

会议记录的基本情况如下：

××职业学院××会议记录

时间：　　年　　月　　日

地点：

出席人：

缺席人：

主持人：

记录人：

主持人发言：

与会者发言：

散会。

主持人：（签名）

记录人：（签名）

（本会议记录共　　页）

三、会议记录的写作要求

1. 突出重点

会议记录须突出的重点有：

（1）会议中心议题；

（2）会议讨论、争论的焦点及各方面的主要见解；

（3）主要人物的发言；

（4）会议已决或未决的事项；

（5）其他有较大影响的议论或活动。

2. 保持客观

始终如一是记录者应有的态度。这是指记录者从会议开始到结束都要认真负责，不能夹杂任何个人情感，更不能对会议情况进行任何加工、修改。会议记录一般不宜公开发表，如需发表，应征得发言者的审阅同意。

3. 适当穿插

为了真实地反映会议实况，可适当穿插一些动态情景细节，如发言中的插话、笑声、掌声等。会议临时中断，也应予以记录。

【例文】

五年制高职专业课教师座谈会议记录

时间：2014 年 12 月 23 日星期三下午 13 点

地点：××职业学院语文教研室办公室

主持：陈君（语文教研室主任）

出席者：李萍（电子信息教研室主任）、刘洁（电子系教师）、沈小青（多媒体教研室主任）、董学群（计算机系教师）及语文教研室所有教师。

记录：李燕（语文教师）

讨论议题：

1. 五年制高职语文在高职教育体系中的地位重要否？

沈老师、董老师认为：很重要，对完善学生知识结构，挖掘学生思维潜能有不可替代的作用。语文知识的强弱与否，影响学生专业能力的发挥、提升，比如，多媒体专业的学生学习影视剧制作、动画制作、影视宣传制作，首先要进行剧本写作，对剧情的策划、人物的塑造、语言的运用都需要一定的文学基础与素养。语文课程的开设，对于培养提升学生的职业能力，开发挖掘学生创新能力有不可替代的作用。

沈老师建议：可以通过古代历史、文化内容的讲解，将哲学、历史、艺术加以渗透，通过人物形象的分析，将审美趣味加以提升。

董老师建议：可以将必修与选修结合，有计划、有层次地提升学生的语文学习能力。

电子信息专业老师对语文课程可以提升学生的思维、分析、概括、理解等方面能力及语言表达能力，有着与计算机专业老师相同的看法。认为语文对学生的影响是潜移默化、润物细无声的。专业课程有的概念较抽象，需要学生有一定的理解能力；对工作流程的描述，产品的介绍，与客户的沟通，都需要扎实的语文基本能力。

李萍老师建议：加强学生文字阅读分析能力的训练，有助于学生能更好地理解专业知识。

刘洁老师建议：加强学生语言表达能力的训练，有助于学生参加大赛及未来工作的需要。

2. 从专业需求看，五年制语文课程学时安排合理否？

沈、董两位计算机专业老师认为：语文课对后续专业课程的学习起了重要作用，本院学生学习专业课，如动画制作、影视后期制作和网站建设等课程，已具备基本人文素养，在授课时学生理解能力强，创作的作品有内涵及艺术性，能够达到专业培养的要求。

电子信息专业老师认为：语文课应一直跟进，可以根据专业需要，到高年级时与专业课老师沟通，合理设计相应的授课内容。比如专业设计课程，学生最后需要做课件、推销产品、进行演讲，这都需要较强的文字组织能力及语言表达能力。建议可以通过现代文、文言文的讲解提升学生的语言表达能力，还可以通过第二课堂拓展活动，比如演讲比赛等，增加学生锻炼的机会。

3. 从专业角度看，教材如何体现职教特色？

董老师认为：高职语文课程应当注重应用，突出能力训练，这两个方面对学生未来发展乃至一生都会受益无穷。再就是建立必修与选修结合的语文课程体系，把基础知识和实践能力的培养有机结合。因为五年制高职学生分不同的学科、不同的专业培养方向，可以有针对性地选择授课内容，不必所有专业讲授内容千篇一律。

电子信息专业李萍老师认为：语文应该再编新教材，重新制定课标，可以根据不同专业编排相应课标，讲授内容也应有不同侧重，使语文课真正起到为专业课学习服务的作用。建议将语文老师分入不同专业，参与专业培养方案的制定，建立专业课老师与语文老师良好的沟通渠道，比如，在举办电子技能大赛时，需要学生写策划案、报告，学生的写作不规范，口语化严重，如果可以与语文老师沟通，提前教授相应的应用文写作知识，进行写作训练，情况肯定会好很多。

4. 在专业教学过程或日常接触中，语文在哪些方面应有所侧重？

计算机专业董老师认为：应侧重文学欣赏的内容，将人文精神的培养贯穿教学过程始终，让学生对作品的人物形象有合理的分析，提高审美趣味；适当融入当下社会和生活的内容，培养学生的认知分辨能力、批判能力、领悟鉴赏能力，教育学生树立积极的人生观、价值观。

电子信息专业刘洁老师认为：语文教学应与专业结合，学生的分析、理解力很重要，将来走向社会，与人沟通，口语表达，写作水平都应得到训练提高。同时，在大学不仅限于学习知识，学习如何做人也是不可欠缺的，如有责任、有担当，以及积极、自立、吃苦耐劳、乐观向上的精神等，这就需要用充满正能量的文学作品感召、教育学生。此外，还可以多做一些社会实践活动，让语文课走出课堂，让学生真正参与进来，动起来。

会议进行了近一个小时，最后陈君主任进行了总结概括，并与语文教研室教师经过讨论，会议决定：

一、由语文教研室李燕老师完成对此次座谈会的会议记录的整理，形成会议纪要。

二、由语文教研室孙英老师完成调查报告写作。

会议纪要和专业老师访谈调查报告将上报××省五年制高等职业教育语文课程标准研发组。

散会。

主持人：（签名）

记录人：（签名）

（本会议记录共2页）

项目二　策划迎新晚会

情境导入

学院迎来了新一届学弟学妹，他们带着蓬勃的朝气和青春的梦想加入到××学院大家庭。院团委、学生处准备举办一场别开生面的迎新文艺晚会，欢迎新生的到来，为他们的大学生活开启崭新的一页。

项目架构

1. 完成迎新晚会策划文案；
2. 制作一张迎新晚会宣传海报；
3. 租借晚会道具，完成条据写作；
4. 制作请柬（邀请函），邀请学院领导、老师出席迎新晚会。

重点难点

教学重点：掌握条据、请柬的写作；了解海报设计及策划文案的写作要求。
教学难点：策划文案的写作及海报的设计。

学习内容

在本项目中涉及到的应用文种有：策划文案、海报、条据、请柬（邀请函）。

任务1　撰写活动策划书

一、策划书概述

策划书是对某个未来的活动或者事件进行策划，并展现给读者的文本。策划书是目标规划的文案，是实现目标的指引。

策划书一般分为：商业策划书、创业策划书、网站策划书、项目策划书、活动策划书、营销策划书、广告策划书、公关策划书、婚礼策划书、医疗策划书等。

二、活动策划书的内容

活动策划一般包括以下几部分内容：
策划书名称、活动背景（可行性分析）、活动目的、组织部门、活动内容、分工（含工作推进）、预算等。

1. 策划书名称

尽可能具体地写出策划名称，例如"2014年10月计算机系迎新晚会策划书"，置于页面中央，当然也可以写出正标题后将此作为副标题写在下面。

正标题，一般是体现晚会的主题，例如"迎新生、庆国庆""舞动的青春"。

> **舞动的青春**
> ——2014月10月计算机系迎新晚会策划书

2. 活动背景

这部分内容应根据策划书的特点在以下项目中选取重点内容阐述，具体项目有：基本情况简介、主要执行对象、近期状况、组织部门、活动开展原因、社会影响和相关目的动机。其次应说明问题的环境特征，主要考虑环境的内在优势、弱点、机会及威胁等因素，对其作好全面的分析（SWOT分析），将内容重点放在环境分析的各项因素上，对过去现在的情况进行详细的描述，并通过对情况的预测制定计划。如环境不明，则应该通过调查研究等方式进行分析加以补充。

3. 活动目的、意义

活动的目的、意义应当用简洁明了的语言将要点表述清楚；在陈述要点时，该策划活动的独特之处、由此将产生的影响意义（经济效益、社会影响、媒体效应等）都应该明确写出。活动目标要具体化，并满足重要性、可行性、时效性的要求。

4. 组织部门、活动负责人及主要参与者

要写明主办、承办单位的名称。写明主要策划人员姓名及单位。如果是小组策划，就注明小组名称、负责人姓名。

5. 资源需求

通过认真考虑活动所需人员、物资情况，列出所需人力资源、物力资源，包括使用的场所（如礼堂、教室、餐厅、宿舍、广场、活动中心等）的具体要求。根据情况，可以把资源需求分列为已有资源、需求资源两项。

6. 活动内容及开展

这部分是策划书的主体部分，表述既要简洁、明了，让执行者易于理解掌握，又要力求具体、详细，力争把设想到的方方面面都写进策划书，没有遗漏。

这部分涉及的内容比较多，为有助于执行者掌握、核查，建议这部分内容根据策划的各工作项目，按照时间的先后顺序，绘制图表，并辅以文字说明。活动内容、时间地点、人员组织分配、相应权责、应变程序措施等也需要在这一部分里加以说明。

这里只提供一些参考：

（1）宣传。

宣传包含宣传形式以及宣传日程。广告宣传既要调足参与者的胃口，又不能商业味太浓，引起别人的反感。

（2）报名。

报名即参赛方式，含报名时间、报名方式、参赛要求等。

（3）活动形式。

这才是真正意义上的活动内容，包括活动分为哪几个环节，每个环节都是些什么内容，如果是体育类比赛，就应包含赛程、赛制等内容。

（4）活动流程。

应从两方面写，一是大流程，即整个活动期间各个环节应该做的事，如什么时候宣传，各阶段的比赛或活动内容及时间等；二是小流程，即正式比赛或活动当天的流程，这一部分的流程只出现活动相关的内容，即观众和比赛人员应知道的流程，类似于晚会节目单。一般情况给外人看的策划只出现小流程。

（5）评奖。

含奖项设置、评奖办法、评比细则等。

（6）注意事项。

具体活动具体分析。

7. 经费预算

活动的各项费用在根据实际情况进行具体、周密的计算后，建议使用表格的形式列出各项经费预算。

8. 附件

一个大策划书，可以有若干个子策划书。可以附件的形式附于策划书后面，也可以单独装订。

本文只提供基本的参考方面，具体的策划可以不拘泥于本文，自行设计，力求内容详尽、明了，页面美观。可以专门给策划书制作封面，还可以对策划书进行包装，例如用设计的徽标做页眉，图文并茂。策划书页面的美观与否，有时候决定了对方是否愿意看甚至采纳你的策划。

三、活动策划书的写作要求

（一）写策划书前要明确几点

1. 目的及主题

首先弄清楚自己想做些什么，主题要简单明了。

2. 效果

通过此次活动要达到什么效果？产生什么样的影响？

3. 参与者

谁来做？谁参与？单位领导、同事，学校以及老师是否能接受这样的活动？活动能否受到员工、同学的广泛关注？

4. 考虑全面

对场地环境、道具、预算、天气、意外情况、突发事件、人员分配等做到心中有数。

5. 可操作性

了解自身的资源现状，从实际出发，以现有的人力、物力、财力举办当下的活动；华丽却难以实际操作的策划不可行。具体执行人员拿着你设计的方案，无需过多的指点就能开展活动。

6. 创意

尽量选择新颖的创意，吸引大家的关注。

（二）写策划书中要注意几点

（1）条理一定要清楚，分类要合理。

（2）分工部分要按照"工种"给工作人员分类，同时注明各项工作完成的时限。这一部分要细,责任到人;具体执行时,现场必须有一个指挥中心,负责及时调度。

(3)预算要合理,应提前做实地考查,还要有周转空间。

(4)如果是要拉赞助的活动,一定要单独做赞助邀请。

(5)策划书的语言一定要精炼、书面化,不能罗嗦或出现大白话。

(6)策划书的格式要整齐划一。

(7)策划代表了策划人的思维,如果策划文案写得乱,说明还没把活动考虑周全,没有做到心中有数,搞起活动来必然是一个"乱"字。做活动策划切忌得过且过,更不能自我欣赏。

【例文1】

"新起点,新梦想"
——2014级迎新晚会策划书

一、前言

为了表示对14级电子学院全体新生的欢迎,我校特举行迎新晚会,以此丰富学生的课余生活,激发同学们对新学校、新生活的热爱。这不只是一个迎新的舞台,同时也是一个展现自我、释放才艺、增进友谊的舞台。通过此次迎新晚会一定会给同学们带来快乐,丰富同学们的大学生活。

二、活动名称

新起点,新梦想——××电子职业技术学院2014迎新晚会

三、活动主题

电子与国同庆,迎新共度华诞

四、活动宗旨

通过晚会形式表示对大一新生的热烈欢迎,增强新生的凝聚力和团结力,帮助同学建立积极向上的学习、生活态度,促进新生与高年级学生的沟通交流。

五、活动时间

2014年10月1日

六、活动地点

学院中心广场

七、活动对象

××电子职业技术学院2014级全体新生

八、活动人员及节目筛选

学院所有工作人员、2014级展示才艺的新生及往届有才艺的同学。节目报名及筛选时间、地点、负责部门,详见附录3。

九、活动要求

1. 节目内容必须健康积极向上;
2. 能够充分活跃气氛,鼓励节目形式多样,有创新性和渲染力的节目优先;
3. 歌舞类节目12个、语言类4个、才艺类4个。

十、后续工作

1. 生活部负责会后打扫工作。
2. 社会实践部、体育部负责物品的回收与归还。

3. 宣传部负责对本次活动通讯稿的撰写。通过校内媒体对本次活动进行相关报道，增强影响力。

※附录

1. 晚会结束后立即开展清理会场工作，各负责人完成自己的工作后即可离开会场。
2. 如不能马上归还物品，先交与学生会组织部相关负责人保管，并于次日归还。
3. 节目报名及筛选时间、地点、负责部门（子策划书 略）。

【例文2】

山东××职业技术学院第二届槐影音乐节演出策划书

一、活动背景、目的

在学院团委的大力支持和全院学生的积极参与下，山东××职业技术学院的槐影音乐协会得到良好的发展，团队不断壮大。为了加强各部门的相互协作，促进与其他社团的交流学习，为了给本院广大学生提供一个展示自我的舞台，营造积极健康的校园文化氛围，为了进一步扩大槐影音乐协会的影响，特决定举办第二届槐影音乐节。

二、活动主题

青春，激情，活力

三、活动时间、地点

2015年4月18日下午14:30 弧形楼前

四、活动对象

山东××职业技术学院槐影音乐协会全体成员，本校其他社团及外校合作伙伴。

五、活动组织部门及主要人员

主办单位：山东××职业技术学院槐影音乐协会

总指导：××

总策划：槐影音乐协会策划部

顾问：××

工作组委会：××、××、××

六、演出前期

（一）节目选拔

协会各部门拿出自己的创意、想法，并于3月11日汇总沟通，力争节目的精彩性和多元化。主席团成员（由会长及各部长组成）负责对节目进行挑选并确定最后节目单。为了保证节目质量及演出效果，对节目录用做如下要求：

1. 节目应以安全、健康为原则。
2. 节目总量控制在20档以内，歌唱类节目控制在10档以内。
3. 力争节目的丰富、创新，避免内容及表演形式的重复单一。
4. 节目中途穿插3次现场互动小游戏，增加晚会的有趣性。

（二）物资、人员准备

1. 活动必备的物品：气球、横幅、拍手棒、邀请函、大头针、胶带、矿泉水、工具箱及音响、灯光设备等由外联部在晚会举行前两天准备就绪。

2. 表演场地申请：由外联部负责向学院提出表演场地申请，并从校礼仪队确定 10 名礼仪人员。

3. 活动区域划分：演员在图书馆自习室候场。会场前三排为嘉宾座，第四排以后为观众席，若是座位坐满了就由工作人员分别引领观众从左右两边过道走到最后，两侧站少数观众。由策划部负责。

（三）工作流程及内容

1. 演出准备期：3月6日~3月11日。本阶段主要完成前期宣传、征集节目、赞助商确定等事项。

（1）由宣传部以展板形式对本次晚会做前期宣传。

（2）由宣传部负责广泛征集节目，包含歌唱类、语言类、舞蹈类、魔术类，也可以邀请学校领导、老师表演以丰富节目内容及形式（节目选拔具体办法见第十一条子策划书）。

（3）各部门上报人员及物资需求清单，报策划部统一审核。

（4）由外联部利用周末到学校周边商业区进行宣传，确定赞助商。赞助款项全部交由秘书部统一支配。

2. 演出进展期：3月12~4月10日。本阶段主要完成节目的筛选排练、中期宣传、礼仪人员、舞台道具准备等事项。

（1）节目筛选排练：由策划部和秘书处负责统筹。

（2）宣传：由宣传部负责，利用广播站、海报进行全方位宣传。

（3）物资准备：由外联部负责音乐节道具租借、购买事项。凭物品购买发票，向秘书处报账。

（4）礼仪人员：由外联部负责，从校礼仪队确定10名礼仪人员。

3. 演出倒计时：4月11日~4月18日。本阶段主要包括节目单确定、演出的彩排、末期宣传、领导嘉宾邀请等工作。

（1）节目单确定及采排：最后节目单（20个以内）由社团会长及各部部长共同审核。彩排时间暂定在4月15号，地点于学校操场或学院弧形楼前。

（2）末期宣传：由宣传部负责，在校园醒目处拉宣传横幅，每天更换"第二届槐影音乐节倒计时第×天"鼓动起大家参与、观看的热情。由外联部做好邀请函的设计、定制以及抽奖券、节目单的设计、打印工作；槐影音乐协会会长和策划部部长负责发放晚会嘉宾邀请函。

七、演出开展

（一）演出倒计时

1. 12:00 协会全体成员签到并各就各位，具体分工见附件四。
2. 13:00 准备舞台背景、灯光、音响的调试，会场席位的布置全部就绪。
3. 13:00 演员进入候场区，做好准备。
4. 14:00 礼仪队成员就位，播放乐曲，观众入场；现场秩序维护人员各就各位，给观众发送拍手板。
5. 14:15 领导入场：由礼仪人员引领领导入场。
6. 14:30 演出正式开始。
7. 宣传部专门人员负责把活动精彩的瞬间拍下。

（二）演出中流程

1. 主持人向嘉宾观众致辞。

2. 主持人逐一介绍嘉宾。
3. 领导讲话，宣布演出开始。
4. 节目表演。
5. 主持人宣布演出结束。
6. 领导与演员代表、协会工作人员上台合影留念。
7. 嘉宾、观众退场。

（三）应急措施

1. 上一个节目出演时，其后的两个节目在后台就位。如果前一个节目由于各种原因无法按时、正常出演时，下一个节目及时跟进。宣传部节目组负责。

2. 任何一个节目在演出过程中出现失误，允许再次尝试，两次不成功则作罢，完成下面的内容。宣传部节目组负责在排练时向所有演职人员申明此项原则。

3. 为预防音响突然出现故障，提前准备一两个不需要音响设备的节目作为备用。

4. 演出中，如演出人员因服装、道具等出现问题，允许临时调整出场顺序。如现场发生争执或不能预知的事情，由宣传部现场负责人迅速做出调整处理。

（四）后期工作

观众退场后，协会各部工作人员按照会前安排的相应工作进行收场工作。非特殊情况，不允许任何团队成员在没清理完会场之前提前离开会场。

八、演出之后

1. 活动结束后一周内，各部门上交活动总结（组织部汇总）。
2. 宣传部负责整理晚会的影音资料，上传至团委；记者站撰写一份音乐节报道，投稿至校报。

九、经费预算

略。

十、注意事项

1. 音响设备应在活动前维修、准备好。麦克风备6支，每次使用后都要检查一下。
2. 工作人员坚守自己的岗位。
3. 出现突发状况时，不要慌张。主持人引导观众安静（工作人员配合），然后上选好的备用节目。
4. 社团各部门协调作战、相互配合工作，遇到问题由各部长全权处理。

十一、附页

（一）商家宣传（有赞助商的情况下）

1. 赞助商享有本次活动的冠名权。
2. 赞助商可以在横幅及宣传板、海报上进行宣传。
3. 主持人在晚会现场对赞助商鸣谢。

（二）应急附表

1. 停电应急方案

（1）若演出前临时停电，晚会最多推迟1小时即15:00举行；如果15:00仍没有正常供电，则由主持人宣布演出改天举办。

（2）在演出前半部分进行中停电超过10分钟，由主持人宣布演出改天重新举行；在演出后半部分进行中停电超过 10 分钟后由主持人宣布演出就此结束。

（3）在停电期间，各部门人员各司其职，坚守岗位。

（4）在主持人宣布晚会改天举办或闭幕后，按"会后工作分工细则"清理会场。

2. 灯光应急方案

（1）四个照灯两个以内无法正常使用时，正常使用剩余照灯。

（2）四个照灯两个以上无法正常使用时，启动备用照明器具。

（3）其他紧急情况发生时，由机动组负责处理。

（三）节目选拔具体办法：略。

（四）会场布置分工表：略。

策划单位：山东××职业技术学院槐影音协会
2015 年 3 月 10 日

【评析】

这两份都是学生活动策划书。例文 1 策划案的活动名称、主题、宗旨不一致；策划内容不够细致、周密，晚会前期的宣传、准备，资金的预算，晚会进行中的舞台布置、各项人员分配、调度，以及应急预案等都没有涉及，许多内容让执行者无所适从。相比较，例文 2 各方面就做得比较好。

任务 2　练写各类条据

一、条据概述

（一）条据的概念

"条"即便条，"据"即单据，条据是处理日常临时事务的一种简单应用文，是书写人交给对方的一种书面凭据。

类似借条、欠条、收条等涉及经济、财物等方面的条据，在某种程度上具有法律效力，在写作时尤其要规范，不能有疏漏，以免引起以后不必要的纠纷。

（二）条据的种类

条据有两类：说明性条据（便条）和凭证性条据（凭证）。

说明性条据包括：请假条、留言条、托事条等。

凭证性条据包括：借条、收据、欠条、领条等。

（三）条据的特点

1. 凭证性

凭证是当事人双方办理涉及钱财或物品的各种手续而留下作证明，以便事后查询的根据。

便条也同样具有凭证作用。如请假条是为办理请假和准假手续的凭证；托人办事条是托人办事者与收条者取得联系的凭证，也是委托办事的依据。

2. 一文一事

条据的内容单一，一般只写一件事，要求简短明确，使人一目了然。

3. 语言简洁明了

条据写作的目的是为了办事，所以文字务求简洁明白，清晰实用。重点表达清楚何人、何时、何因、何事、何物、数量如何等内容，避免出现客套、花哨的文字。

二、条据的结构与内容

（一）说明性条据

说明性条据主要是向有关人员说明情况、托付事情、传递信息。其写作的基本格式为：

1. 标题

请假条一般都有标题，留言条、托事条一般省略。标题居中。

2. 称呼

因为条据一般是在认识的人之间使用，称呼一般可以用简称，如孙老师、小李等。称呼要顶格写，后加冒号。

3. 正文

正文需要交代清楚原因、时间、具体事情或有关要求等。

4. 敬词

最常用的敬词有"此致敬礼""谢谢"或"恳请批准"等。

5. 落款

落款包括署名和时间两项。

【例文】

（1）请假条：是指因故需要请假而写给有关当事人的便条。请假条要写清请假原因、请假起止日期、请假人等基本内容。请假理由必须符合有关的规章制度。

请假条

××公司领导：

  我因定于2015年1月1日举行婚礼，特向公司请婚假三天，请假时间自2014年12月29日至2014年12月31日。

  恳请批准。

××公司事业部　李梅
2014 年 12 月 10 日

（2）留言条：是指日常生活中有事情要通知或托付对方，对方不在，却又没时间等候对方回来，写张字条留给对方。留言条是一种简短的书信，目的在于交代一些事情。

留言条

李老师：

  您好。今天上午我到办公室开据暑期打工需要的在校生证明，恰逢您不在。我于下午四点再来，请候。

  此致

敬礼！

××职业学院　J14011　王峰
2015 年 6 月 1 日

（3）托事条：又叫托人办事条，即委托他人代办某事时所写的条据。

托事条

徐主任：

　　您好！我单位沈君同志将于 7 月 1 日送实习生到贵院。我将托他带去实习生转科考试试卷，请您在 8 月 20 日组织到院的实习生考试。谢谢！

××护理学院实习办公室　李少军
2014 年 6 月 18 日

（二）凭证性条据

凭证性条据一般涉及借、欠、收、还、领个人或公家现金、财物，它往往起到日后的凭证作用。钱物归还后，条据要回收作废或撕毁。凭证性条据写作格式通常为：

1. 标题

可以直接用条据的种类"借条""欠条""收据"或"领条"作为标题，标明条据的性质和内容。标题居中。

也可以"今借到""暂欠""今收到""今领到"等正文起始文字为标题。

2. 正文

正文另起一行，空两格写。开头惯用语为"今借到""今收到""今领到"等，写明所借款或物的数量、质量、规格等，约定归还日期。涉及钱物数量的数字一定要大写。

如标题以"今借到""暂欠""今收到""今领到"等正文起始文字为标题，正文则需另起一行顶格写。

3. 落款

落款包括写条人的姓名和时间两项内容。如果是单位，除了写明单位全称外，还应写明经办人姓名。

【例文】

（1）借据：是借钱或借物的个人或单位，写给出借的个人或单位的一种凭证性条据。

借据

　　今向学院财务处借到现金壹万贰仟元整，用于支付本院老师全省五年制语文教材新课标制定前期学校、企业调研经费。省教育厅财政拨款到账日即刻归还。此据。

立据人：××学院 刘稚平
2014 年 3 月 8 日

今借到

　　学院团委音箱壹对、话筒叁个、嘉宾席红绒盖布壹卷，用于晚会，会后立即归还。此据。

经办人：学生会宣传部 何柯
2015 年 3 月 10 日

（2）欠条：是个人或单位欠钱、欠物时写给有关单位或个人的凭证性应用文。欠条今天也有人称作"白条",是日常生活中常见的一种凭证类条据。

欠条

因租房款未带足,尚欠房东张怀远先生人民币捌佰元整,两天内归还。此据。

租房人:王志

2015 年 3 月 10 日

暂欠

学院计算机系动漫专业 J14021《职场实用文体项目化教程》壹拾叁本。

教务处教材科:(公章)

2015 年 3 月 10 日

【评析】

这二张欠条所使用的场合是不同的。第一张欠条是已交付部分租金,尚有捌佰元未付,所以写下欠条。该文交代了欠钱的缘由,以及现在所欠钱款支付的具体期限。第二张欠条与第一张欠条性质相近似,均是原借(原应支付)钱物已还(付)了一部分,尚有一部分未还(付),因此写下欠条,作为欠款物的凭据。这两张欠条在提及钱款数字时都注意了大写的使用,用语通俗明白,不会引起人们的误解。另,两张欠条因采用不同的标题,正文写作格式也不同。

在我们的生活中,人们往往会将借条写成欠条,将欠条写成借条。其实,借条和欠条是有区别的。

第一,借条证明借款关系,欠条证明欠款关系。借款肯定是欠款,但欠款则不一定是借款。

第二,借条形成的原因是特定的借款事实。欠条形成的原因很多,可以基于多种事实而产生,如因买卖产生的欠款,因劳务产生的欠款,因企业承包产生的欠款,因损害赔偿产生的欠款等。

第三,当借条持有人凭借条向法院起诉后,由于通过借条本身较易于识辨和认定当事人之间存在的借款事实,借条持有人一般只需向法官简单地陈述借款的事实经过即可,对方要抗辩或抵赖一般都很困难。但是,当欠条持有人凭欠条向法院起诉后,欠条持有人必须向法官陈述欠条形成的事实,如果对方对此事实进行否认、抗辩,欠条持有人必须进一步举证证明存在欠条形成事实。

【例文】

(3)领条:是领取物品的个人或单位的一种文字根据,它是在发放和领取物品的过程中时常使用的一种应用文样式。

领条

今领到学院发给电子系的戴尔电脑贰拾伍台,用于电子系各教研室日常办公。

电子系:聂向华

2014 年 9 月 10 日

今收到

徐远志同学交来的计算机系爱心捐款贰仟玖佰元整（2900.00元整）。此据。

××大学办公室（盖章）

经手人：冯超远（签字）

2015年5月6日

（4）收条：是收到东西的个人或单位写给发东西的个人或单位的一种凭据性条据。

收条

今收到山水图文印务有限公司孙新送来的学院招生简章贰拾捆。每捆各贰拾包，每包壹拾本。每本价格为叁元伍角柒分。共计壹万肆仟贰佰捌拾元整，本月底前付款。

××大学办公室（盖章）

经手人：冯×× 李×

2015年3月12日

三、条据写作的忌讳

一忌空白留得过多。条据的内容部分与单位署名之间不能留白太大，否则容易被添补其他内容，或将原内容裁去，在空白处重新添加内容。

二忌大写、小写不分。写条据时，涉及到金钱要写明金额，必须用大写，以防涂改。数字前不能留空白，数字后面要写量词，如"元""个""双"等。否则，都容易被添加数字或修改，甚至由此而引发民事纠纷。

三忌用易褪色墨水写。用圆珠笔或其他易褪色的墨水书写条据，倘遇保存不当、受潮或其他情况时，字迹会模糊不清，给自己带来不必要的麻烦。

四忌不注明条据日期。如果发生了纠纷，事实真相常常难以查清，诉讼时效一旦超过，追责将难以实现。

五忌内容表述不清。有的条据将"买"写成"卖"，或"收"写成"付"，或"借"写成"借给"等，都极易颠倒是非。

六忌名字不写齐全。对外使用的条据，写对方单位名称时要用全称。同样，条据上有姓无名或有名无姓，都会给对方留下行骗的口实和赖账的把柄。

七忌不认真核对。条据一般必须由对方亲自书写，接收方不能代笔。如因故请别人或由对方写的字据，应认真审核，不能盲目地签字盖章。同样，由他人代笔书写或者代笔签名，而本人只在上面按一个手印，发生纠纷时，也很难认定责任。

八忌使用同音同义字。姓名以身份证上面的名字为准，不要用同音同义字、多义字代替，否则不具有法定的效力。

九忌还款时不索回条据。还款还物时，一定将对方的欠条、借条等凭证性收据收回并销毁。如果对方一时找不到借条，应该让其写一张收据留存，这样才不至于给日后留下隐患。

总之，条据一经签订，对签约的各方就有了约束力，尤其是经济性质的条据。因此，条据写得是否规范、准确，权利与义务规定得是否严密、完备，关系到当事人的切身利益，影响到纠纷发生时责任的判断和鉴别。因此，写凭证性条据时，必须认真慎重，熟悉各类条据的格式及写法，不可马虎从事。

任务3　设计宣传海报

一、海报概述

（一）海报的概念
海报是单位或团体向公众报道和介绍文化、娱乐、体育、学术报告会等消息时使用的招贴，是一种日用类事务文书。如学术报告会，各类赛事、展览、演出及电影、戏剧宣传等。

（二）海报的种类
海报的形式和种类较多，常见的有电影海报、体育海报、文艺活动海报、学术报告海报、商业宣传海报、公益海报等。

海报一般用大型纸张，采用张贴或悬挂的形式，除了文字内容以外，还常常做美术加工，如配美术字、图案或图画等，图文并茂，激起读者的参与热情。

（三）海报的特点
海报具有吸引力强、传递信息快、制作简易及更换方便等特点。

二、海报的结构与内容

海报主要由标题、正文、落款三部分组成。

（一）标题
海报的标题要醒目，使人"一见钟情"。位置可以根据排版设计的需要随意摆放，较多的海报把标题放在首行的中央位置，以便吸引读者。标题常见的写法有：

（1）用文种作标题。如《戏剧海报》；有的海报标题只写《海报》二字。

（2）用内容作标题。如《校园优秀书画作品展览》《赛事》等。

（3）由主办单位＋内容作标题。如《基础部主办经典诗文朗诵会》等。

（二）正文
正文是海报的实质内容所在，是写作的重点，要写明活动的主要内容及举办单位、时间、地点、方法、票价等，让读者读后能清楚活动的性质，了解基本情况。

有的海报，为了吸引观众，可以配上适当的色彩和图案，或者在正文的首尾加上标语。在语言运用上可带点夸张性的词语。

（三）落款
落款应写上举办单位的名称和写作海报的日期。假如正文已经交代了这些内容，则可以省略结尾。

【例文】

海报
关于《公共关系与团队精神》的讲座

在市场经济日臻完善的今天，企业的竞争和个人的生存都离不开公共关系与团队精神。××大学××教授将莅临我院举办《公共关系与团队精神》的讲座。

主办单位：校团委　学工部
时间：2015年3月26日晚7:30
地点：逸夫楼阶梯教室

【评析】

该文的标题由"海报"和其具体内容两部分组成，也可以去掉"海报"，以具体内容为标题。为了吸引师生参加，该文使用了贴切的鼓动语言。这篇海报把主办单位及讲座的时间、地点分行列出，使人一目了然。

【病文诊断】

2014校园书画作品展

时间：2014年5月10日~30日
地点：学院图书馆阅览室
主办单位：学院书画协会

【评析】

学生书画作品展有必要让更多的师生观看，然而这则海报正文写得过于简单，缺乏鼓动性和吸引力。标题"2014校园书画作品展"表意不明，是2014级还是2014年？是展示2014级学生的作品还是2014年毕业生的作品？这些海报都没表达清楚。

三、海报的写作要求

1. 真实性

在内容的介绍上必须是真实的，不能说假话，也不允许使用夸张手法。如明明只是稍有成就的学者，就不要吹嘘什么"知名学者""享誉海内外"等。

2. 简洁性

看海报的人都想一眼就知道内容，因此，要求海报制作的用语一定要言简意赅。

3. 鼓动性

海报要吸引群众参加活动，可以在不违反真实性的前提下使用一些形象性、鼓动性的语言。在图面设计上，也可以使用一些色彩鲜明，生动活泼的图画或线条。

任务4　制作请柬（邀请信）

一、请柬

（一）请柬概述

1. 请柬的概念

请柬，又叫请帖，是用于邀请客人参加会议或各种活动而发出的一种短小、美观的礼仪书信。

请柬虽属于书信的一种，但又不同于一般书信。一般书信是由于双方不便或不宜直接交谈而采用的一种交际方式，而请柬即使是近在咫尺也要发送。发请柬既是表示对客人的尊敬，也表明邀请者的郑重态度。因此，请柬在款式和装帧设计上应美观、大方、精致，使被邀请者体味到主人的热情与诚意，感到喜悦和亲切。

2. 请柬的作用

请柬在社交活动中如果运用得当，会给单位或个人带来很好的效益。主要体现在：

一是将欲举办的会议活动及其主要内容及时告知有关人士，可借以扩大影响，提高自己的知名度；

二是征得良师益友的指导，改进工作；

三是进一步加强与社会各界的友谊，取得社会各界更大的支持与赞助。

（二）请柬的结构和内容

1. 请柬从形式上可分为横式和竖式两种写法

现在通行的请柬形式有双柬帖与单柬帖两种：双柬帖即双帖，将一张纸折成两等份，对折后成长方形；单柬帖即单帖，用一张长方形纸做成。无论双帖、单帖的书写或排版款式均有横排、竖排两种。

【例文】横式请柬

请　柬 （封面是图案设计）	××先生： 　　兹定于十月二十一日上午九点，在本社二楼会议室召开建社十周年座谈会，敬请光临指导。 　　此致 敬礼！ 　　　　　　　　　　××出版社 　　　　　　　　　××年×月×日

竖式请柬

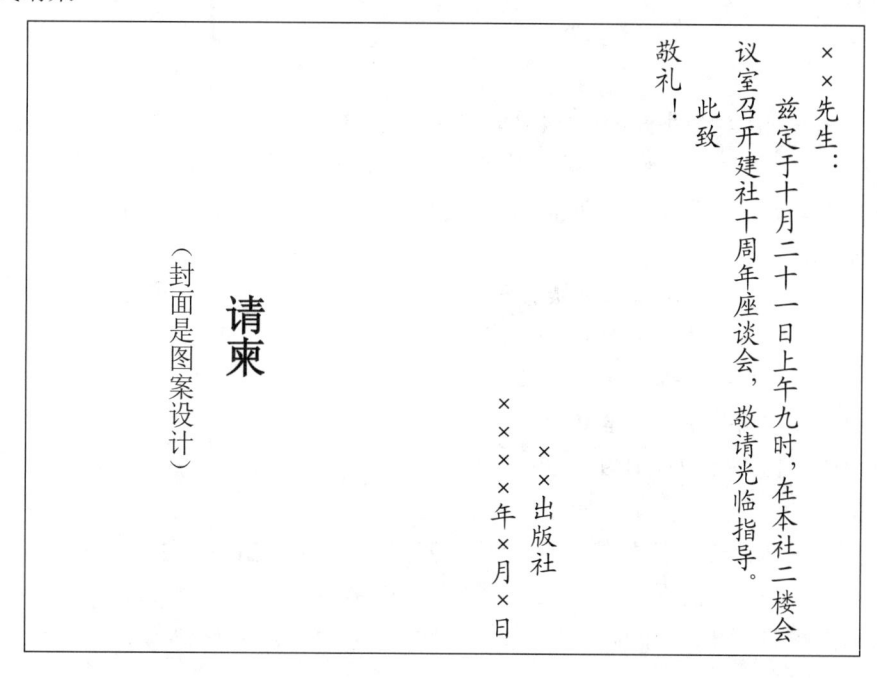

（竖式请柬版面，内容同上：××先生：兹定于十月二十一日上午九时，在本社二楼会议室召开建社十周年座谈会，敬请光临指导。此致 敬礼！ ××出版社 ××年×月×日）

2. 请柬一般由封面和封里两部分构成

（1）封面。

无论是横式、竖式均应写上请柬（请帖、柬帖）二字，并在文字上做艺术加工，用美术体的文字。文字的色彩可以烫金，可以有图案装饰等。封面经过艺术加工，美观精致，庄重大方，给人以美感。

（2）封里。

1）称呼。

即被邀请、被聘用的对象。在第一行顶格写被邀请者（单位或个人）的名称，除亲戚或老师外，均可写上职务、职称等称谓，或用"同志""先生""女士"等，后面加上冒号。

2）正文。

从称呼的下一行空两格写起。正文要写明邀请的事由，并把具体的时间、地点、活动内容逐一写上。若有其他要求，也需要注明，交代清楚，如准备发言等。

3）结尾。

正文之后，另起一行顶格写上礼节性的问候语或恭候语，如"致以敬礼""恭候光临"等礼貌性用语，有的结尾用语紧跟正文，不另起一行写。

4）落款。

在结尾的下一行（横式在右下方，竖式在左下方），签署邀请者的单位名称或个人姓名和发柬时间。

（三）请柬撰写、制作的要求

（1）时间、地点、人名要准确无误；发送时间要掌握好，太早易遗忘，太晚难免贻误。

（2）措辞要典雅得体，语气要带有希望、请求之意，以表诚心。

（3）制作要精心。请柬比较庄重，要求纸面美观悦目，书写工整亮丽。

【例文】

请柬

我们愉快地告别了极不平凡的 2014 年，又迎来了 2015 年，为尽情歌颂祖国的美好明天，我们"贺新春光明"书画摄影展，共展出作品 120 多件。其中除书画名家送来的佳作外，更多的是省直和本市离退休老干部的近期作品。

欢迎参观指导！

主办单位：××省老干部诗书画摄影研究会

　　　　　××省××市老干部活动中心

展出地点：××市老干部活动中心

展出时间：2015 年 1 月 1 日至 1 月 31 日

开幕时间：2015 年 1 月 1 日 9 时 30 分

【评析】

这份请柬除主送社会知名人士之外，还欢迎各界人士参观指导，体现了请柬的礼仪性和消息性的特点。此外，正文不仅富有情致，而且文字简洁，把邀请的缘由、活动内容、地点、时间交代得清楚明白，为出席开幕式的人士和其他参观人员提供了方便，写作请柬时可供参考。

【病文诊断】

请柬

××：
　　谨定于 2015 年 1 月 10 日早 10 时到山东省人民医院看望生病的老领导××，届时请准时光临。

××大学　办公室
2014 年 10 月 10 日

【评析】
到医院看望病人不是隆重喜庆之事，不发请柬。同事之间互相看望，也不必发请柬。

二、邀请信

（一）邀请信概述

1. 邀请信的概念

邀请信也叫邀请书、邀请函，是行政机关、企事业单位团体或个人邀请有关人士前往参加某活动或事宜而发出的礼节性的专用书信。

2. 邀请信的作用

邀请信有邀请和提供信息的作用，其次还可使邀请者不至于忘却或弄错被邀请的时间和地点。

3. 邀请信的特点

它与通知、请柬相比，具有以下几个特点：

（1）礼仪色彩

邀请信和请柬都具有礼仪色彩；通知没有。通知一般用"参加"表达；邀请信和请柬则用"光临""莅临"等词语表达。

（2）没有约束力

通知属于行政公文，具有约束力；邀请信是社交礼仪类的文书，没有约束力。

（3）范围广泛

邀请信的应用范围比请柬广泛，邀请国家元首、政府首脑来访的重要活动，或参加一次小型的座谈会等都可以使用这种文书。

（4）集体邀请

邀请信多用于集体邀请；请柬多用于个人邀请。

（5）内容详细

邀请信在用语上比请柬随意，但要求有较详细的邀请内容，篇幅一般比请柬长，除将内容、时间、地点等交代清楚外，还要写清楚其他的各项要求。

（二）邀请信的格式与写法

邀请信一般由标题、称呼、正文、结尾、落款和回执表六部分构成。

1. 标题

标题一般有三种写法。

（1）以文种为标题，如《邀请信》。写在第一行正中，字体稍大，可用隶书或美术字体书写。

（2）在文种之前写明邀请单位的名称，如：

××省××学会（字体稍小）

邀请信（字体稍大）

（3）公文式标题，又有两种形式：
第一种：单位+内容+文种，如"××市写作协会关于召开第二届写作研讨会的邀请信"。
第二种：内容+文种，如"关于出席亚太经济发展会议的邀请信"。

2. 称呼

在标题之下第二行顶格写被邀请人的姓名及称谓（或职务），加冒号，如"××同志""××经理""××教授"。有的只有单位名称或某种统称，如"××学校""各写作协会理事"等。

3. 正文

通常要求写出举办活动的内容、活动的目的、活动的时间、活动的地点、活动方式、邀请对象以及邀请对象所做的工作等。活动的各种事宜务必在邀请信中写清楚。若附有票券等物也应同邀请信一并送给主送对象。若相距较远，则应写明交通路线或来回接送的方式等。其他差旅费及活动经费的开销来源，及被邀请人所应准备的材料文件、节目发言等也应在正文中交代清楚。

4. 结尾

结尾要求写上礼节性的问候语，如"恳请光临""致以敬礼"等。

5. 落款

落款要写上发出邀请信的单位名称或个人姓名。如在标题中已经有邀请单位的全称，落款处可不再写。

在署名之后应写明具体日期并加盖公章，以示庄重。

6. 回执表

有的邀请信还附有报名回执表，要求收信人在约定的时间填好，寄回或传真回来，以便做好事先安排，使活动顺利进行。

三、请柬、邀请信写作与制发要求

（1）掌握好送请柬的时间，一般提前 3~5 天发送，以便让受邀者有充分的准备，有安排时间的余地。

（2）邀请信除邀请内容要写清楚以外，邀请信的行文语言一定要恳切、热情、朴实，注意礼节礼貌。

【例文】

邀请函

×××先生（女士）：

您好！为弘扬话剧艺术，丰富话剧演出剧目，兹定于 2013 年 6 月 10 日上午 9 时，于山东省会堂召开十艺节山东省人民艺术剧院剧目座谈会。您对话剧艺术素有研究，望届时光临赐教。

恭候回音。

联系人：陈悦　　电话：1360767××××

山东省人民艺术剧院（章）

二〇一三年五月十日

【评析】

这是向个人发出的邀请信，邀请信用简洁的文字把活动的内容、时间、地点及联系人、电话都作了明确的表述，简单清楚，热情有礼，符合邀请信的写作要求。

【病文诊断】

××大学2006届校园招聘会

邀请函

首先，非常感谢贵单位长期以来对我校毕业生就业工作的大力支持！

××大学创建于1975年，经过近三十多年的建设，××大学已经发展成××省唯一的一所以工科为主，理、工、经、管、文、法、艺多学科协调发展的省属重点多科性大学，并已顺利完成了"九五"期间"211工程"建设任务，目前正开始实施"十五"期间"211工程"建设。

为了满足各行业和各类企、事业单位招聘专业技术人才的需要，促进学校、毕业生、用人单位之间的交流和沟通，我校将于今年举办校园供需见面会。我们诚邀各用人单位届时莅会，选聘英才。

二〇〇六年四月十四日

【评析】

这份邀请函没有交代清楚举办校园供需见面会的具体时间、地点、要求及联系人、联系方式，让人无所适从。

写作训练

1. 我院准备邀请事业有成的校友来校进行大学生创业专题讲座，请以校学生处的名义写一份海报。

2. 请为母校建校40周年校庆设计一张请柬。

3. 班委打算在今年元旦搞个别开生面的跨年迎新晚会，你是文艺委员，负责策划。

4. 为做校庆宣传，请到兄弟院校租借彩虹充气拱门，并写借条、留言条。

情境迁移

情境一：你高中时就在网上开了自己的手工制品淘宝店。上了大学，决定花更多的精力来发展自己的店铺。你决定在学校周边开一个实体店，但是房租和请人都需要钱，你目前的储蓄还很有限，于是决定向父母和亲戚朋友借钱。

情境二：作为公司的工会负责人，最近一直忙于组织职工辩论赛。你把制作好的决赛请柬送给公司有关部门领导及评委手中，但是恰巧评委主席陈工不在，手机也关机了。你只有把请柬留在他的办公室桌子上，并附带留一张留言条。请柬送完之后，你又开始张罗着在公司宣传栏里张贴决赛海报。

情境三：陈和教授今年执教30周年，学生们想为他开一个庆祝会。你作为陈教授的学生，现在又在学院行政部门工作,就由你来撰写一封邀请函,向陈教授的朋友和历届学生发出邀请。

知识拓展

聘书

一、聘书概述

(一) 聘书的含义

聘书是聘请书的简称,用于聘请某些有专业特长或有名望权威的人担任某种职务或完成某项任务时的带有礼仪性的特殊文书。

(二) 聘书的种类

聘书通常有两种类型:

一种是对专业人才所发的聘书,如学校、企事业单位在需要某方面有特长或有专业技能的人才时,向相关人员发出的聘书。如高职学院普遍采用校企合作办学形式,学校会聘用一些一线工程技术人员担任学校课程编写、设计、教学的顾问,甚至直接参与到教学实践中。普通高校为扩大学校影响,会聘用文化名人做客座教授,不定期地来学校做学术报告。为提高学校的办学质量,各类高校还会聘用各种专业人员做顾问等。

另一种是社会团体或某些重要的活动如公司庆典,为了提高自身的知名度,扩大影响力,常常聘请一些有名望的人或公众人物加盟、参与。

(三) 聘书的作用

在当今社会人才交流、人才竞争的广阔市场中,聘书的使用愈来愈广泛。聘书在今天人们的生活工作中起到了重要的作用。主要表现在:

1. 纽带作用

一个主体单位因需要聘请本单位缺乏的某项人才时,就需向客体发出聘请,聘书就成了互通有无,调剂力量,加强协作的重要媒介手段。

2. 竞争作用

受聘人一般是在某方面有专长或能做出特殊贡献的人,聘书的授予一方面可以较充分地发挥受聘人的聪明才智,另一方面也促进了人才的交流。

3. 知名作用

聘请专家名人担任顾问或嘉宾,会使聘请单位的知名度得以提高。如某医院门诊部聘请国内知名专家教授来门诊担任主治医师,上门求医的人会络绎不绝,医院收入也大大增加;东方卫视的《中国达人秀》,不少上海观众都是呼朋引伴"去看波波",节目收视率不断攀升。

4. 凭据作用

聘书作为一种文书,一方面可以证明受聘者的资历和才能,证明受聘者曾享有过的荣誉;另一方面也是主客体双方履行权利和义务的凭据。

二、聘书的格式与内容

完整的聘书一般由标题、正文、落款三部分构成。

(一) 标题

往往在正中写上"聘书"或"聘请书"字样,有的聘书也可以不写标题。

（二）正文

顶格写明受聘者的姓名、职务（职称）、聘请原因、聘任职务及时限等。有的把做什么工作、完成什么任务，在"聘约"中分条写明。

正文的具体写法有两种：

1. 直陈式

开头空两格写"兹聘请"三个字，接着写受聘人姓名、职务（或职称），聘任什么职务或工作、任期时限等。正文最后另起一行，空两格写"此聘"两字作结，不用标点符号。若是上级机关及领导人发的聘书，往往正文末写上"特发此聘"作结，后边加句号。或用"此致敬礼"等敬语作结。

2. 书信式

开头顶格写受聘人的姓名、称呼，后面加冒号，然后另起一行空两格写正文，与直陈式相同。

（三）落款

在正文的右下方署上聘请单位名称或单位领导的姓名、职务，并署上发文日期，同时要加盖公章。

三、制发聘书的要求

（1）文字要简洁。要抓住正文的几项要素，用最概括简明的语言表达，不需要像一般书信那样详尽。

（2）交待要清楚。为什么聘请、聘谁、担任什么职务、做什么工作等都要写清楚。

（3）在发聘书前，必须经过双方协商，聘请单位取得受聘者的同意后，方可正式发聘书。受聘者在接到聘书后，如无充分理由不能随便辞聘，否则，对聘请单位是不礼貌的，也会给聘请单位带来许多困难。

（4）要加盖公章和法人代表章，聘书方能生效。

礼仪致辞

一、礼仪致辞概述

（一）礼仪致辞的概念

礼仪致辞是人们在社交礼仪庆会或仪式上发表的演讲词。

（二）礼仪致辞的特点

礼仪致辞与其他演讲辞相比较，其特点如下：

第一，煽情。礼仪致辞的目的是要制造、渲染喜庆气氛，激起听众的热情，使听众与讲话人形成感情的共鸣。所以，礼仪致辞要体现出热情、激昂、真诚、鼓动性的特点。

第二，简短。礼仪致辞的内容要少而精，最好在精彩之处，戛然而止，让听众的情绪处在兴奋状态。

第三，应变。礼仪致辞是在特定场合发表的演讲，临场性很强，致辞人要密切关注听众的情绪，充分考虑地点场合、听众的层次、心理等客观因素，根据需要随机应变，调整、增删致辞内容。

（三）礼仪致辞的种类

礼仪致辞的应用范围比较广泛，种类繁多，大致可分为以下几种：

（1）庆贺类，如婚庆寿庆、校庆厂庆、开业竣工、开幕闭幕等；

（2）迎送答谢类，如欢迎欢送仪式、答谢仪式等；

（3）聚会类，如同学战友聚会、亲朋聚会等。

二、礼仪致辞的格式和内容

（一）标题

礼仪致辞的标题大致有两种情况，比较正式的标题要写明致辞单位或致辞人和致辞对象的名称，如《中共中央致民进八大的祝词》；一般致辞只写是什么致辞，如"婚礼贺词""欢迎词"等。

（二）称呼

写在致辞的第一行，顶格写。称呼要指出致辞对象，要注意礼貌用语如"尊敬的各位来宾""女士们、先生们，同志们"。

（三）正文

正文包括开头、主体和结语三个部分。

1. 开头

开头部分要着重说明两点：一是致辞的缘由，为什么致辞以及致辞者的身份（是个人还是代表单位、集体等）；二是写出表示欢迎、敬意、祝贺或感谢的语句。

2. 主体

主体部分要写礼仪庆会或仪式的意义，祝贺性的致辞要简明扼要，充满敬意地指出致辞对象所取得的功绩成就、精神品德、成功原因及意义，并加以歌颂。

3. 结语

结语部分要再次表达祝贺祝愿、欢迎感谢、希望鼓励、以对方为榜样等，用语谦恭真诚。

4. 落款

在正文的右下角，写明致辞单位及致辞时间。

三、礼仪致辞的写作要求

1. 对象明确，主题突出

在动笔前，要了解清楚为什么事致辞，致辞的对象是谁，对方的具体情况怎样，应该讲哪些内容，做到心中有数，主题突出。

2. 通俗生动，热情亲切

致辞要吸引听众，有鼓动性和感染力，致辞的语言就要生动有趣，通俗易懂，口语化，让听者感到情真意切，温馨愉快，备受鼓舞，切忌做作卖弄，敷衍了事。

3. 把握分寸，用词得体

致辞是为了创造和谐的气氛，沟通感情，加强合作。致辞者在遣词造句时要用词恰当，一定要措辞谨慎，切忌失礼扫兴。

4. 谦恭诚恳，礼貌庄重

致辞者要态度谦恭诚恳，这既能表现出致辞人的修养风度，又能向对方表达出你的真情敬意，拉近双方的感情距离。礼仪致辞还要求致辞者讲究礼貌用语，称呼要尊称，态度庄重，用语风趣而不失典雅，切忌轻佻随便。

项目三　成立大学社团

情境导入

【京华时报讯（记者××）】近日，人人网发布针对大学生社团活动的调查显示，近五成的大学生会选择加入两个或两个以上社团。记忆协会、强迫症治疗协会等新式社团逐渐走红。

调查显示，90后大学生选择2个和3个社团的比例最高，分别为28%和11.8%。从类别来说，参与公益实践类社团的学生最多，占27.2%；其次是文化娱乐类，占比20.2%。

（资料来源：《京华时报》）

由此可见，社团活动是大学生活中必不可少的一个环节，而怎样申请成立社团、社团的规章制度如何撰写、社团的活动计划怎样制定，都将在本项目中找到答案。

项目架构

1. 小组讨论，撰写社团成立申请书；
2. 小组分工撰写社团的规章制度；
3. 小组讨论制定本学期社团活动计划；
4. 就社团将要组织的一次活动，向本社团成员下发通知。

重点难点

教学重点：掌握申请书、计划书、规章制度和通知的格式。

教学难点：申请书、活动计划的制定。

学习内容

在本项目中涉及到的应用文种有：申请书、计划书、规章制度和通知。

任务1　提交申请书

一、申请书概述

（一）申请书的概念

申请书是个人或者集体向组织表达愿望，向机关、团体、单位领导提出书面请求时使用的一种专用文书。

（二）申请书的种类

申请书的种类很多，按照不同的标准可进行以下分类。

（1）根据申请内容划分，有要求参加某种组织的申请书，如入团申请书、入党申请书、入会申请书、开业申请书；有要求解决问题的申请书，如调动申请书；有要求某种权利的申请书，如专利申请书。

（2）根据申请者划分，有集体申请书和个人申请书。

（3）根据写作格式划分，有书信式申请书和表格式申请书。

（三）申请书的特点

申请书的写作要求内容单一，一般一文一事，便于组织或上级审批。

二、申请书的结构与内容

（一）申请书的结构

申请书的写作，从结构上看分为标题、称谓、正文、结尾、附件、署名和日期。

1. 标题

一般的申请书以"申请书"三个字为标题，有的在"申请书"前加上申请的内容，以显示申请的性质。如"入党申请书""入团申请书""参军申请书""调动申请书"。

2. 称谓

在标题下，另起一行，顶格写接受申请书的单位名称或负责人的名字，并在称呼后加冒号。如"××团支部：""系总支领导同志：""××市工商行政管理局："等。

3. 正文

正文是申请书的主要部分，主要包括申请事项、申请理由和申请态度三项内容，要做到层次清晰，内容单一，有条有理，容易阅读。

（1）申请事项。

申请事项即向领导、组织提出申请的内容。如《入党申请书》开头"我志愿加入中国共产党"，开门见山地提出个人的要求，简洁明了。

（2）申请理由。

应写清楚申请的目的、意义及对申请事项的认识。

（3）申请态度。

申请态度即向领导、组织表示自己的决心和要求。这一部分要写得具体详细，以便组织了解情况，并决定是否同意申请的事项。

4. 结尾

申请书可以有结尾，也可以没有，一般用来表达敬意、感谢或希望。可以写"请审查核准""希望领导批准""请组织考察""请组织考验""此致，敬礼"等习惯用语。

5. 附件

申请所需证明文件。

6. 署名和日期

在正文右下角签署写申请的单位或个人的名称，并注明申请写作的时间。

（二）组建协会、社团类申请书的主要内容

（1）阐述成立该社团的必要性及可行性，如：

纵观我院各学生社团，尚没有一个真正与书籍接轨，吸纳读书爱好者的团体。而"读书协会"希望能填补这一空白。"读书协会"是为爱读书的人搭建的一个优良的平台，旨在培养大学生读书的兴趣，她不仅可以陶冶大学生的情操，丰富大学生的课余生活，还可以为以后步入社会打下良好的基础。

（2）说明协会的宗旨，如：

青年志愿者协会宗旨：*奉献 友爱 互助 进步*。

（3）阐明该协会的活动方式，如：

为了丰富文化生活，我协会将开展以下活动：

经验交流会：会员间以座谈会的形式进行经验交流。

会员例会：每月的第一个周六召开例会，讨论社团发展中存在的问题。

专家讲座：聘请专家就会员的职场礼仪、知识技能、团队管理等方面进行培训。

（4）说明本协会、社团的活动资金和经费来源渠道，如：

协会费用来源：

1. 上级支持；
2. 社会赞助；
3. 协会内部筹集的费用等。

（5）说明本团体拟发展的会员及分布情况。如：

羽毛球协会成员组成：羽毛球运动在院内是比较普遍的，因此协会成员主要由各系羽毛球运动爱好者共同参与组成。

三、申请书的写作要求

（1）一事一书，内容单一。

（2）申请的事项要写得清楚、具体，涉及到的数据要准确无误。

（3）态度要诚恳、朴实；理由要充分、合理，实事求是，不能虚夸和杜撰，否则难以得到上级领导的批准。

（4）语言要准确、简洁，不说空话、套话。

【例文】

乒乓球协会成立申请书

尊敬的院团委：

乒乓球是我国的国球，乒乓球运动也深受同学喜爱。为了能使乒乓球运动在校园里更加普及，让同学们更多地接触乒乓球、了解乒乓球，我们喜爱乒乓球运动的学生自发组成了一个小型的筹备小组，经过认真研究后向领导申请成立"乒乓球协会"。

一、协会宗旨

普及乒乓球运动和乒乓球知识，组织更多的同学参加乒乓球运动，强健体魄，提高乒乓球竞技能力。

二、协会组成

协会主要由各院系乒乓球运动的爱好者共同参与组成，协会成员主要负责组织活动，搭建平台，活动参与者则面向全校所有热爱乒乓球运动的学生。

三、主要任务

（1）积极配合院团委和基础部办好每年的院乒乓球比赛。

（2）协助各院系学生会组织好各院系比赛，培训裁判，普及乒乓球知识。

（3）储备乒乓球人才，加强与兄弟院校的联系，帮助他们参加校外比赛。

（4）通过组织比赛，提高全校学生对乒乓球的兴趣，使更多的同学主动参与进来。
　　四、协会费用来源
　　（1）上级支持；
　　（2）社会赞助；
　　（3）协会内部筹集的费用。
　　我们筹备组人员都是乒乓球运动的爱好者，并且有丰富的乒乓球赛事组织经验。乒乓球协会将致力于普及推广乒乓球运动，用心地组织每一次活动和比赛，使乒乓球运动能够在我院学生中成为一项重要的体育锻炼方式。
　　恳请批准！

申请人：乒乓球协会筹备组
2014 年 5 月 20 日

【评析】

　　这则申请书格式清晰，逻辑严密。文章简炼的语言陈述了乒乓球协会的宗旨、成员的组成、经费的来源、成立的理由，对自身的任务有着非常明确的认识，这些都能很好地说服被申请单位、部门，获得组建的成功。

【病文诊断】

龙舟社申请书

尊敬的老师：
　　您好！
　　今天，我申请成立龙舟社，希望老师可以批准。我们社团的宗旨是"野蛮其体魄，文明其精神"。
　　近几年，全国体育界都开始兴起一阵"龙舟风"，龙舟活动已经成了一种潮流，我校更应该去追赶这一潮流，向我校学生宣扬这一运动，培养一群能为我们学校争荣誉的龙舟运动员。
　　龙舟是一项积极向上，激情四射的项目，它既可以向同学们普及传统文化，又可以锻炼大家的身体。
　　如果龙舟社申请成功，我们会定期组织训练，在有赞助商支持的情况下，申请参加市级、省级、国家级比赛。只要是我校学生并且热爱运动，都可以来参加面试，面试通过便可以加入我们社团。
　　希望老师可以同意我们的申请。

申请人：×××
2014 年 9 月 15 日

【评析】

　　这则申请书条理不清晰，在阐释成立龙舟社的必要性时逻辑混乱，次序颠倒；目标过于空泛；社团经费问题没有提及。文中虽然涉及到了龙舟社的宗旨、成员的组成、活动的开展等问题，但都是蜻蜓点水，显然没有做充分的准备。语言繁复，过于口语化。

任务 2　拟定工作计划

一、计划概述

（一）计划的概念

计划是企事业单位或个人，对未来将要完成的任务提出预想目标，制定出具体实施办法的应用文体。

（二）计划的作用

计划是开展实践活动广泛运用的科学方法，是进行管理工作不可忽略的起始环节，它对指导、推动和保证各项任务的完成有着重要的作用。

（三）计划的种类

计划是一个统称，依据不同的标准，可把计划分成不同的种类。

（1）从时间上分，可分为长远计划、短期计划、年度计划、季度计划、月份计划、学期计划；

（2）从内容上，可分为工作、学习、科研、生产、销售计划；

（3）从性质上，可分为综合计划、专题计划、单项计划；

（4）从范围上，可分为国家、部门、单位、个人计划；

（5）从作用上，可分为指令性计划、指导性计划；

（6）从形式上，可分为条文式、表格式、条文与表格结合式计划；

（7）按名称划分，有规划、计划、方案、要点、安排、设想、打算等。

计划是一个十分宽泛的文种概念，其种类较多，由于内容及其涉及的范围不同、时限不同，又有粗细、远近等方面的差别，所以名称也不统一，常见的如上。简单介绍以下几种。

1. 规划

规划是国家或单位制定的具有全局意义的长远的计划，是具有战略指导意义的总体设想和布置。其特点是：

一是长远性。从时间上看多在五年以上，有的甚至十几年或者几十年。

二是战略性。它是在全局总体思想指导下对工作进行战略设想的结果，着眼的是全局，是发展，是调试概括和原则性部署。

三是理论性。主要表现在它不只是提出相应措施，而且还必须从现实与科学设想的发展目标结合上阐明道理，论证所提出的目标任务和措施的正确性、可行性，这一点是要点和安排所不及的，如"十二五规划""个人职业生涯规划""城市规划"等。

2. 设想

设想适用于目标比较长远，线条较粗，仅供初步参考的计划。设想是对长远的工作或者某种利益所做的初步的、非正式的计划。如拍"爱情记录片"的设想。90年代拍婚纱照应该算个暴利产业，但是随着大家跟风而上，暴利产业也成了普通产业。而拍"爱情纪录片"则另辟蹊径，把两个人此前恋爱过程中刻骨铭心的片段用 DV 拍摄成记录片，每个人结婚前都做一次荧屏中的主角，上演轰轰烈烈的爱情故事，这要比拍静态的婚纱照更有纪念意义。如果开这么一个店，比拍婚纱照更有创意，利润也可观。

3. 安排、打算

安排、打算适用于时间较短，涉及面窄，内容比较具体的计划。打算是在近期要做的事情的计划，对具体措施和步骤仅做初步的考虑。如"新生宿舍安排""家庭支出安排或打算"。

工作安排与工作计划写作时也有区别：计划的目标是经过努力争取要实现的，因而定计划要留有余地，有一定的弹性；而安排的内容条款，是要求在正常情况下必须要办到的，因而写安排务必要妥当、周密、带有某种规章性。

4. 要点

适用于上级对下级布置任务，交代政策，提出要求的计划。要点是对一定时期内的工作所作的提纲式的简要安排，它只需要明确工作主要内容，而不讲其他有关问题。其特点是：

（1）内容的提要性。

即抓住工作内容中起主导作用的最主要最重要的方面，择其要而提之。

（2）语言的简明性。

即分条列项，言简意赅，一目了然。要点常是单位、系统内部使用，如"家庭装修要点""保密工作要点""党建工作要点"等。

5. 方案

方案是为做好某项工作而事先设计的工作方法与步骤，如"楼宇对讲系统安装方案""奥运备战方案""教师进修计划"等。

（四）计划的特点

1. 预见性

计划应对未来做出科学的预见，应充分估计可能遇到的问题和困难，并提出必要的防范措施和解决的办法，取得应变的主动权。古人云"人无远虑，必有近忧"，就是告诫人们无论做什么都要有预先的谋划和准备。

2. 指导性

计划一旦成文，就会对实践起到一种控制和约束的作用。制定计划，是为了克服工作中的盲目性或偏离工作的方向，使任务能保质、保量、按时完成，具有明显的指导性质。

3. 可行性

再好的计划也要付诸实施，因此，它必须是以现实工作为基础，经过主观努力可以实现。既不能好高骛远，脱离实际，也不能毫无突破，无所前进。必须在充分考虑主客观条件的情况下，实事求是，切实可行。还要便于检查督促、对照落实。离开实践的或可行性差的计划将是毫无意义的一纸空文。

4. 约束性

计划体现着决策机关的要求和意图，一经通过、下达就要严格遵照执行，所以计划的约束性又是实现一定的决策目标的保证。

二、计划的结构与内容

计划的格式没有明文规定，常见的有条文式、表格式、条文与表格结合式三种。从内容上看，不论什么形式的计划，都应包括制定计划的"任务、目标、措施、步骤"，也称"四要素"。

以条文式计划为例，其结构一般由标题、正文、落款三部分组成。

（一）标题

计划要有明确的标题，标题的位置在第一行正中，字体可稍大。如果计划只是草稿或初稿，尚未成熟，还应在标题后括号内注明"初稿""讨论稿""草案"或"征求意见稿"等字样。

1. 完全式标题

完全式标题应包括单位名称、计划期限、计划内容和文种。如《电子系学生会 2014 年工作计划》《海量公司 2014 年财务工作计划》《国家 2006 年－2020 年中长期科学和技术发展纲要》等。

2. 非完全式标题

非完全式标题可有以下几种写作方式：

（1）由时限、计划内容和文种构成，如《2014 年专业知识学习计划》《2015 年水电费调价征求意见稿》。

（2）由计划内容和文种构成，如《政治学习计划》《关于黄河污染治理草案》。

（3）由事由和文种构成，如《关于进一步加强城市卫生管理工作的计划》。

（二）正文

计划的正文一般由开头、主体、结尾三部分组成。

1. 开头

开头即前言（序言或导语），主要说明制定计划的依据和指导思想。

指导思想是根据党和国家的路线方针政策和上级主管部门的有关指示，结合本单位或本部门的实际情况而确定的。依据是指在对前阶段生产、工作等情况作周密分析后，结合现阶段的形势、特点而分析出来的有利条件和不利因素。

这部分回答的是"为什么要做（制定计划）"的问题，也可以同时回答"能不能做"及"主要做什么、做到什么程度"等问题，写作时可灵活处理，没有定规和模式，总的要求是简明扼要，能统率全文。

前言与后面的主体内容之间，常常用"为此，特制定本计划如下"或"为此，要抓好以下几方面的工作"等承启语进行过渡。

2. 主体

主体即计划事项。说明计划的基本内容，是计划的核心。它紧接计划的开头部分，回答"做什么、做到什么程度、怎么做、什么时候做"的问题，即具体的任务、目标、措施、步骤。一般可采用序号或小标题的方法展开内容。

（1）目标和任务。

写出一定时间内要完成的任务，要达到的指标，从主到次，突出重点，分项列出，每项写一件事，要明确、具体，使人知道"做什么"。

（2）措施和办法。

写明采取何种办法，利用哪些条件，由什么单位或部门负责，如何协调配合等内容。措施和办法要具有科学性，便于操作，使人明白"怎么做"。

（3）步骤和程序。

写明实现计划分哪几个步骤、计划的进展程度及完成期限等内容，使人明确"何时完成"。有些计划也把步骤和程序、措施和办法穿插起来写，一些长期规划因时间跨度大、预见性要求高，只能提出终极目标，分段目标及完成时间可以不写。

正文（除前言外）一般采用标明序号、分条列项的方法来写，以求做到条理分明，结构清楚。

3. 结尾

结尾即结束语，可提出希望，发出号召，以鼓励本单位全体人员为实现计划而努力。但也可视情况不写这部分。

（三）落款

在正文右下方署上制定计划的单位名称和日期。如果单位名称已在标题中出现，此处只需写明日期。上报或下达的计划，还应在日期上加盖单位印章。

有的文件式计划需要用"附文"，将一些与计划相关的，在正文里不宜表达的材料加以说明；如需上报下达的计划，还要注明"主送单位""抄送单位"。

四、计划的写作要求

1. 注重依据

制定计划要有依据。一是政策依据，指党和国家在一定时期内的方针政策、法令法规，以及上级部门和领导的指示、意见和要求，这是必须遵循的。如果违背了，制定出的计划就可能会失去正确的方向。二是客观依据，指本地区、本部门、本单位的实际情况，是制定计划的必要性、可行性的依据。

2. 立足全局

制定计划要有全局观念。要从全局出发，正确处理好全局和局部、长远和目前的关系，处理好国家、集体和个人三者之间的利益关系，使计划发挥积极作用。

3. 量力而行

制定计划要坚持实事求是的原则，量力而行。要在深入细致地调查研究的基础上进行制定，不能只凭主观愿望热情办事。确定的目标，应该是经过努力能够达到的最高目标，既不保守，也不盲目，既不是望而不及，也不是唾手可得。

4. 留有余地

制定计划要留有余地，保持一定的弹性。计划是对未来的规定，难免有预测不到的地方。如果在制定时留有一定的余地，就可以在遇到新情况、新问题时及时进行修正、补充和调整。

5. 具体明确

计划的整体设想要清晰，内容要具体明确，文字表述要简明扼要，任务措施要分项列出，使人一目了然，有利于实施检查。

【例文】

××公司营销部 2011 年度市场营销计划

为了认真贯彻公司董事会 2010 年 12 月 20 日下发的《2010—2015 年企业发展规划纲要》精神，更好地完成公司下达的任务，遵照公司"五年规划纲要"中的要求，结合本部门的工作实际，特制定 2011 年度工作计划如下：

一、本年度工作内容

1. 利用已有资源，巩固现有的营销市场。
2. 想方设法铺建西北营销市场网点。

3. 努力挖掘新资源，开拓西北营销市场。

二、具体工作安排及措施

1. 2月初，召开老客户座谈会。邀请2010年度主要的客户，参加公司召开的"工作座谈会"，征求客户对我公司产品的意见和建议，并及时反馈给公司相关部门，巩固已有的营销市场。

2. 2月中旬，拟定赴西北销售人员的名单。

3. 2月下旬，赴西北销售人员完成本部门的工作交接，并到西北办事处报到，由办事处安排具体工作。

……………

××公司营销部（印章）
二〇一〇年十二月三十日

【评析】

该文符合"计划"的写作规范，精练平实。标题属于四项式：制定计划的单位名称、时限、事由、文种。主体部分体现了"为什么做""做什么""怎么做""什么时间完成"几要素，并且按时间顺序将一年的工作都做了计划，每一阶段的工作清清楚楚，有条不紊，重点突出。使用陈述性的语言，切合应用文的用语规范，简洁朴实。

【例文】

首届"山东旅游文化节"活动安排

时间		内容
5月1日 星期六	13:30～14:30	新闻发布会
	15:00～17:30	开幕式
	20:00～21:30	联欢晚会
5月2日 星期日	9:30～17:30	各旅游景点发布会
5月3日 星期一	9:30～17:00	山东旅游交流会
	20:00～21:30	品牌热线展示暨颁奖晚会
注：本届山东旅游节，除5月1日新闻发布会在泉城广场举行外，其余都在济南国际会展中心会议厅举行。		

【评析】

表格式的计划写法简洁、明了，令人一目了然。会议计划、活动计划、生产计划等，都适合采用这种写法。采用表格式的写法，表格设计得合理、清晰、美观是关键。

任务3　制定规章制度

一、规章制度概述

（一）规章制度的概念

规章制度是国家行政机关、社会团体、企事业单位为管理需要，依照国家法律、法令和政策，在自己权限范围内制定的具有法规性、指导性与约束力的应用文书。

各种规章制度在内容上对某方面的工作、某项工作或某一事项做出规定和要求,对有关方面、有关人员的行为具有规范和制约作用。

(二) 规章制度的种类

规章制度的类型：法规类、指导类、章程类、制度类和公约类。

具体文种有：条例、规定、办法、细则、章程、制度、规则、守则、规程和公约等。

- 章程：机关、单位或组织的宗旨及其成员活动规则。
- 条例：指导某方面长期性工作和活动的较系统的条文。
- 规定：对某项具体工作或活动的要求和规范程序。
- 办法：为贯彻上级指示或实施某项工作而提出的具体方法和措施。
- 细则：贯彻、执行、实施"条例"或"规定"中某一项或几项条款的详细准则。

(三) 规章制度的特点

1. 约束性

规章制度属于机关事务文书，写法上没有法定公文那么严格，执行中也不像法律文书那样具有极强的法律效力。但是规章制度是出于规范人们行为之目的而制定，对有关单位或个人的言行举止具有约束性乃至强制性。

2. 周密性

内容上要求细致、周到，不能有遗漏和疏忽；语言上要清晰明确，不能有歧义，不能含混不清、似是而非或自相矛盾；逻辑上要注重严谨性，无懈可击。

3. 条款性

规章制度的结构形式分为章断条连式和条文并列式。内容复杂、条文较多的采用章断条连式，正文分为总则、分则、附则；内容简单、条文较少的规章制度多用条文并列式，正文从头到尾皆用条文组织内容。

4. 法规性

规章制度是法律法规和政策条文的延伸或细化，因此必须有法律依据或政策依据，必须符合党和国家的政策、法令，不允许与之相抵触或违背。

【例文】

全国年节及纪念日放假办法

（1949年12月23日政务院发布，根据1999年9月18日《国务院关于修改〈全国年节及纪念日放假办法〉的决定》第一次修订，根据2007年12月14日《国务院关于修改〈全国年节及纪念日放假办法〉的决定》第二次修订，根据2013年12月11日《国务院关于修改〈全国年节及纪念日放假办法〉的决定》第三次修订。）

第一条　为统一全国年节及纪念日的假期，制定本办法。

第二条　全体公民放假的节日：

（一）新年，放假1天（1月1日）；

（二）春节，放假3天（农历正月初一、初二、初三）；

（三）清明节，放假1天（农历清明当日）；

（四）劳动节，放假1天（5月1日）；

（五）端午节，放假1天（农历端午当日）；

（六）中秋节，放假 1 天（农历中秋当日）；

（七）国庆节，放假 3 天（10 月 1 日、2 日、3 日）。

第三条　部分公民放假的节日及纪念日：

（一）妇女节（3 月 8 日），妇女放假半天；

（二）青年节（5 月 4 日），14 周岁以上的青年放假半天；

（三）儿童节（6 月 1 日），不满 14 周岁的少年儿童放假 1 天；

（四）中国人民解放军建军纪念日（8 月 1 日），现役军人放假半天。

第四条　少数民族习惯的节日，由各少数民族聚居地区的地方人民政府，按照各该民族习惯，规定放假日期。

第五条　二七纪念日、五卅纪念日、七七抗战纪念日、九三抗战胜利纪念日、九一八纪念日、教师节、护士节、记者节、植树节等其他节日、纪念日，均不放假。

第六条　全体公民放假的假日，如果适逢星期六、星期日，应当在工作日补假。部分公民放假的假日，如果适逢星期六、星期日，则不补假。

第七条　本办法自公布之日起施行。

二、章程概述

（一）章程的概念

章程是一个党派组织、社会团体、公司企业为保证其组织活动的正常运行，系统阐明本组织的性质、宗旨、任务、组织原则、成员条件及义务、权利、机构设置、职权范围、行为规则、纪律措施等规则，要求全体成员共同遵守的一种规则性文书。

一个正规的政党、社会团体、学术组织、公司企业都应该有自己的章程。

（二）章程的特点

1. 共识性

章程反映了一个组织全体成员共同的理想、愿望、意志，体现了全体成员的共同利益，必须在全体成员达成共识的基础上才能建立起来。因此，章程的制定和修改必须经过充分的讨论，并且要在代表大会上表决通过。没有达成共识、多数人抱有质疑态度的内容，不能写进章程中去。

2. 稳定性

章程一经规定，就具有长期的稳定性，不能朝令夕改。一个成熟的章程，应该实行数年、十数年、甚至数十年而不过时。当然，随着时代的发展，对章程作一些补充和修改也是必要的，但这些修改必须经充分讨论和表决通过，而且只作局部调整，不作大面积改动。

3. 准则性

章程具有约束力，是这个组织所有成员的思想准则和行动规范，每个成员都应遵章办事。

（三）章程的作用

1. 建立组织的管理机制，规定组织纪律

章程是以文字形式将某一组织的性质、宗旨、任务、成员、活动等有关问题明确地给予界定，是该组织活动的准绳。

2. 保证组织的思想统一，保障成员权利

组织成员通过阅读章程，对其详细了解后，就会自觉地遵守章程的规定；章程由于宗旨明晰，某一组织可以用这个组织的章程动员和组织该组织成员为本组织服务。

三、章程的结构与内容

章程一般由标题日期、正文、落款三部分组成。

（一）标题和日期

1. 标题

由组织名称和文种构成，如《中国共产党章程》《中国写作学会章程》。

如果尚未得到通过和批准，可在标题后加括号注明"草案"。如：《中国写作学会青年写作理论家协会章程（草案）》。

2. 日期

在标题下方正中加括号标明日期和通过依据。有三种写法：

（1）由会议名称、通过日期组成，如"中国科协第二次全国代表大会1980年3月22日通过"。

（2）由通过日期、会议名称组成，如"1988年6月7日中国写作学会第三届理事会修订通过"。

（3）只写明通过日期，如"2011年7月5日通过"。

（二）正文

1. 分章列条式，或者总则、分则、附则式

内容丰富的章程采用分章式写法。这种写法是篇下分章、章下分条、条下分款。通常第一章是总纲（或总则），以下各章是分则，最后一章是附则。

如《中国科学技术协会章程》，第一章为"总则"，共五条，分述了组织的名称、宗旨、性质和任务等。第二至十章为分则，共50条，分述了会员的条件、权利和义务、组织结构、经费来源、会徽等内容。第十一章为附则，共五条，是一些补充说明。

（1）总则。

总则是章程的纲领，对全文起统率作用。这部分开宗明义地阐述该组织的名称、性质、宗旨、任务、指导思想和组织本身的建设等纲领性内容；总则里面可分为若干条。如：

中国××企业管理协会章程

（中国××企业管理协会理事会一九××年××月××日通过）

第一章
总则

第一条　中国××企业管理协会是从事××工业生产、科研、教学、出版等方面的管理工作者及热心研究企事业管理、改革的人员组成的全国性的行业管理协会，是研究、交流、推广管理科学和经验的社会团体；是××工业部在××企事业管理方面的参谋机构。

第二条　本会承认中国企业管理协会章程，并作为团体会员参加中国企业管理协会。

…………

（2）分则。

分条阐明该组织成员的权利和义务、组织原则、经费来源以及全国组织和地方组织的制度等；条款多的章程可以按内容分成若干章节，各用小标题挈领。

1）组织人员：阐释组织人员的加入条件、加入程序、权利和义务、纪律规定等。如"轮

滑社章程"中的第三章：

第三章 会员

1. 遵守本社团章程，有一定的组织能力、宣传能力和轮滑爱好者均可申请加入本社。
2. 加入方式：本人提出申请，经本社团审查批准同意后即可加入（在各级轮滑比赛中获得前三名者可直接进入）。
3. 会员的义务：遵守本社章程，积极参加社团组织的各项活动，按时参加例会、积极维护本社团的形象和声誉。
4. 会员的权利：参加本社团的活动；对社团工作的批评建议和监督权；社团各级负责人的选举权和被选举权；入会自愿，退会自由。

2）组织机构：说明领导机构、常务机构和办事机构的设置、规模、产生方式和程序、任期、职责、相互关系等，如"轮滑社章程"中的第四章：

第四章 社团机构

一、社团设置以下机构部门，并由其负责人组成社团的执行机构：

社团主席（一名）、副主席（二名）、社长助理（一名）、秘书处、财务处、宣传部、组织部、助学部、联络部。正副主席与六部（处）负责人组成社团的执行机构，领导开展社团日常工作，并对成员代表大会负责。

二、执行机构职权：

1. 执行社团决议。
2. 报告总结工作计划和社团财务、物资收发、处理状况。
3. 制定内部管理制度。
4. 批准社员的加入与退出，并向热心同学发出入社邀请。
5. 每月召开执行机构例会。

3）组织经费：需要说明来源及管理方式，如：

本社经费来源于社员交纳费用，主要用于支付本社团一切办公用品、各项活动的设备、奖品等款项，并定期向全体社员公布账目。经费使用前需向社团财务部提交预算申请，经社团领导批准后方能使用。经费使用情况接受本社团的监督。

4）其他事宜：根据不同组织、团体的需要而确定。分则即基本规则部分，分则部分即总则和附则之间的各章。

（3）附则。

附则即补充说明的部分。附则部分是用来说明章程通过的程序、未尽事宜的处理办法、生效日期、实施要求以及修改权和解释权等。也有一些章程没有附则。

2. 条目式

常用于比较简单的章程，它的写法是按条目顺序排列下去，不再分章、分项、分款。

【例文】

曾宪梓教育基金会章程

（一九九二年十二月二十一日通过）

一、教育是立国之本，曾宪梓先生为振兴中华，资助教育事业，培育英才，决定捐赠港币1亿元，与国家教育委员会合作，成立曾宪梓教育基金会，用于发展中国的教育事业。

二、培养优秀的人才是国家实施"科教兴国"伟大战略的重要内容。鉴此,本基金会从2000年开始,设立优秀大学生奖学金,奖励在内地若干所重点大学就读的品学兼优、家境贫寒的大学本科生,旨在支持他们在学期间勤奋学习,友爱助人,取得优异成绩,毕业后报效祖国。

三、基金会的使用。利用1亿港元的基金收取利息,或通过经营进行投资、再投资,取得的收入,用于对教师的奖励。

四、基金会理事会

1. 理事会为本基金会的决策机构。理事会设理事长一人,副理事长二人,理事若干人。每年召开理事会会议一次。如有需要,经理事长或副理事长同意,可临时召开理事会会议。

2. 理事会设秘书长一人,副秘书长一人,由理事兼任,负责处理基金会的日常工作。

3. 理事会的职责为:

(1) 决定基金会的工作方向及收入的使用,批准奖励办法,制定工作计划;

(2) 批准基金会的奖励项目;

(3) 管理基金会的财务。

五、本基金会在香港注册。

六、本基金会设立香港办事处和北京办事处。

香港办事处主要负责基金的经营和财务管理,与香港的单位、人士的联系,处理涉及香港的有关工作。香港办事处通讯处为:香港沙田小沥源源顺围13至15号金利来集团中心,金利来集团有限公司转曾宪梓教育基金会。北京办事处主要负责奖学金的申请、评审、发放,项目的管理,与内地的单位、人士的联系,处理涉及内地的有关工作。北京办事处通讯处为:北京西单大木仓胡同37号,教育部港澳台事务办公室转曾宪梓教育基金会北京办事处。

(资料来源:http://wiki.ngocn.net)

(三) 落款

落款包括具名和日期。即标明制定者和制定日期,写在正文的右下方,如已于标题下用括号说明,落款也可以省略。

四、章程的写作要求

(1) 写作时要做到严谨、周密和规范,用语要贴切、恰当、准确、简明。由于章程具有纲领性和稳定性的特点,要求写作者在下笔时谨慎行事,不可乱用词语。对于一些把握尚不准的提法和难以阐明的定义,不要勉强写入,以免造成歧义。

(2) 符合国家的法律、法规和方针政策。由于章程具有一定的约束力,所以写作时行文中关键词的界定一定要以党和国家的大政方针为依据,切不可写入与法律条文相悖的字句。

(3) 凡章程从撰写初稿到定稿,须经历讨论、修改和会议通过等环节,一般先经由合资各方签订"意向书""会谈纪要",然后才可能形成章程(草案)。

【例文】

中国作家协会章程

(中国作家协会第八次全国代表大会部分修改,2011年11月24日通过)

第一章 总则

第一条 中国作家协会是中国共产党领导的、中国各民族作家自愿结合的专业性人民团体,是党和政府联系广大作家、文学工作者的桥梁和纽带,是繁荣文学事业、加强社会主义精神文明建设的重要社会力量。

第二条 ……

第三条 ……

第四条 ……

第五条 中国作家协会在工作和活动中坚持民主、团结、服务、倡导的原则。

第二章 任务

第六条 组织作家学习马克思列宁主义、毛泽东思想、邓小平理论和"三个代表"重要思想,树立科学发展观,学习党的方针政策,坚持社会主义核心价值体系,不断提高文学队伍的思想道德修养、科学文化素养、文学艺术学养。

第七条 ……

第八条 ……

………

第十八条 广泛联系志在繁荣社会主义文学的文学社团,做好业务由本会主管的全国性文学社团的管理工作。

第三章 会员

第十九条 本会由个人会员和团体会员组成。

第二十条 ……

第二十一条 ……

………

第二十七条 会员的入会、退会及取消会员会籍实行公告制度。

第四章 组织

第二十八条 本会的组织原则是民主集中制。

本会的最高权力机构为中国作家协会全国代表大会。全国代表大会的职责是:

一、决定本会的工作方针和任务;

二、审议和批准全国委员会的工作报告;

三、制定和修改中国作家协会章程;

四、选举产生全国委员会;

五、决定其他重大事项。

全国代表大会的个人代表,由团体会员组织居住在本地或本系统所属的个人会员,通过民主协商,选举产生;全国代表大会的团体会员代表,由团体会员从其主要负责人中通过民主协商,推举产生。

在全国代表大会闭会期间,全国委员会负责行使下列职权:

一、执行全国代表大会的决议;

二、审议本会年度工作报告;

三、批准全国委员会委员的变更和增补;

四、决定其他重大事项。

全国委员会闭会期间,由主席团负责执行全国代表大会和全国委员会的决议。

第二十九条 全国代表大会每五年举行一次。必要时由全国委员会决定提前或延期召开。

…………
第三十三条　本会必要时设立名誉职务。具体人选由全国委员会推举或主席团聘请。

第五章　经费及资产管理

第三十四条　本会的经费来源：

一、财政拨款；

二、会员会费；

三、社会资助；

四、其他合法收入。

本会鼓励和争取多方吸纳社会资金，为繁荣社会主义文学事业服务。

第三十五条　中国作家协会的资产受法律保护，任何单位和个人不得侵占、挪用和任意调拨。中国作家协会所属企业、事业的资产隶属关系不得任意改变。

第六章　附则

第三十六条　中国作家协会的英文全称: Chinese Writers' Association，英文缩写是: CWA。中国作家协会会址设在北京。

第三十七条　本章程解释权属于中国作家协会全国委员会。

（资料来源：http://www.chinawriter.com.cn）

任务 4　下达活动通知

一、通知概述

（一）通知的概念

通知是最常用的一种公文，是要求有关单位了解、执行、协作和办理的指挥性、知照性公文。通知适用于批转下级机关的公文，转发上级机关和不相隶属机关的公文，传达要求下级机关办理和需要有关单位周知或者共同执行的事项及任免人员。

（二）通知的种类

1. 批转转发性通知

这类通知属于复合体公文，用于转发上级机关或不相隶属机关的公文，批转下级机关的公文，包括批转通知、转发通知和印发通知。

（1）批转通知。

即上级机关对下级机关来文如呈转性报告、意见等，可用通知批转下级有关部门执行，如《国务院批转国家土地管理局关于部分地方政府越权批地情况报告的通知》。这种通知带有指示的性质，要求有关单位遵照或参照执行。批转通知的特点在于上级机关采用了下级机关的公文，以"批（语）转（发）"形式通知下级机关，其重点在于"批"。

（2）转发通知。

对上级机关和不相隶属机关的来文，用通知转发下级有关单位执行，如《××省人民政府办公厅转发国务院办公厅关于在接待中不摆烟酒等问题的通知》《建设部转发国家物价局财政部关于发布中央管理的建设系统行政事业性收费项目及标准的通知》。转发通知是转发上级机关和不相隶属机关公文的通知。转发机关应在上级机关同意后，以"转发语"形式通知下级机关，其重点在于"转"。

（3）印发通知。

印发通知是印发本机关或本机关与其他机关联合制定的公文的通知。即本机关或本机关与其他机关联合制定了公文后，为了引起下级机关重视，或要求下级机关贯彻执行，印发机关就以"按语"形式通知下级机关，其重点在于"公布"。

2. 周知性通知

用于传达领导或职能部门的意见，向下级机关布置工作，通知会议的有关事项等。

（1）布置工作通知。

上级机关就某些具体事项对下级机关下达任务、布置工作、提出要求，如《××区关于在全区范围内开展灭四害活动的通知》。

（2）规定通知。

上级机关对要求下级机关执行的具体事项做出明确规定，以便遵照执行，如《教育部财政部关于改变研究生学习期间生活待遇问题的通知》。

（3）会议通知。

告知某机关或部门将召开某一会议，同时提出与会的相关要求，这类通知兼有告知和布置作用，如《关于召开××座谈会的通知》。

3. 任免通知

用于任免人员，如《关于××等职务任免的通知》。

（三）**通知的特点**

1. 功能的多样性

通知可以布置工作、传达指示、晓谕事项、发布规章、批转和转发文件、任免干部。

2. 运用的广泛性

上至国家机关，下至各企事业单位和基层组织，都可以使用。

3. 一定的指导性

一般都要求受文单位认真学习、执行。

4. 较强的时效性

一般有比较明确的时间限制，受文单位不得延误。

二、**通知的结构与内容**

通知一般由标题、主送机关、正文和生效标识组成。

（一）**标题**

（1）由发文机关、事由和文种构成，如《××学校关于召开元旦晚会的通知》。

（2）由事由和文种构成，如《关于做好预防流感工作的通知》。

（3）几种特殊标题的写作：

1）批转类通知的标题，由发文机关、"批转"、被批转的机关名称、被批转的文件的标题和文种组成，如《国务院批转教育部关于面向 21 世纪教育振兴行动计划的通知》《天圆公司批转天圆公司第一分公司关于安全质量检查方案的通知》。

2）转发类通知的标题，由发文机关、"转发"、被转发的机关名称、被转发的文件的标题和文种组成，如《山东省教育厅转发教育部关于高等学校学报管理办法的通知》。

3）印发类通知的标题，由发文机关、"印发"（或"颁布""发布"）、被印发的文件的名称和文种组成，如《国家发展和改革委员会关于印发<国家级专项规划管理暂行办法>的通知》。

（二）主送机关

主送机关应写全称或规范化的简称、统称。

按性质、级别或惯例依次排列，同类型、相并列的单位之间用顿号间隔，不同类型、并列关系的单位之间用逗号，最后用冒号，如"各市、县（区）人民政府，省人民政府各工作部门、各直属机构："

（三）正文

1. 通知缘由

交代有关背景、根据及目的、意义等。这一部分要阐明公文制作的原由、现实根据或法律根据，以及有关事件情况交代等公文制作的出发点，体现制发公文的根据；提示发文目的、意义或动机，以引起受文者的注意。

2. 通知事项

通知事项是通知的主体部分，是通知制作者围绕或根据主旨展开的内容、叙述的情况、分析的问题、提出的做法、措施或执行的方案等一类内容。

3. 通知结语

通知结语是文末针对或围绕通知事项而提出（或补充）的希望、号召、倾向，是要求受理单位贯彻执行的意见。

4. 各类通知的具体写作格式

（1）批转类通知。

批转类通知正文的写作顺序是"先批后转，再提要求"，先写批语"同意"，而后"转发"给下级机关，如"……《×××》已（业）经……批准（或……同意……的《×××》），现转发给你们，请认真贯彻执行。"对有些比较复杂的文件，则结尾或者对如何实施作具体说明，或者阐述该意义所在等。

【例文】批转通知

国务院批转煤电油运和抢险抗灾应急指挥中心
《低温雨雪冰冻灾后恢复重建规划指导方案》的通知

国发〔2008〕7号

各省、自治区、直辖市人民政府，国务院各部委、各直属机构：

国务院同意煤电油运和抢险抗灾应急指挥中心组织制定的《低温雨雪冰冻灾后恢复重建规划指导方案》，现转发给你们，请认真贯彻执行。

国务院
二〇〇八年二月二十五日

（2）转发类通知。

转发类通知的写作是"只转不批"，如"现将……的《×××》转发给你们，请认真贯彻执行。"

【例文】转发通知

广东省人民政府转发国务院办公厅
《关于禁止非法买卖人民币的通知》的通知

各市、县（区）人民政府，省人民政府各工作部门、各直属机构：

现将国务院办公厅《关于禁止非法买卖人民币的通知》（国办发明电[1997]28号）转发给你们，请认真遵照执行。

附件：国务院办公厅《关于禁止非法买卖人民币的通知》

一九九七年×月×日（公章）

（3）印发类通知。

这类通知的写作有两种形式：

- 直叙式："现将《×××》印发给你们，请遵照执行。"
- 目的式："为……，××部门制定了《×××》，现予发布，请遵照执行。"

【例文】印发通知

山东省人民政府办公厅关于印发2015年全省食品安全重点工作安排的通知

（鲁政办字〔2015〕36号）

各市人民政府，各县（市、区）人民政府，省政府各部门、各直属机构，各大企业，各高等院校：

《2015年全省食品安全重点工作安排》已经省政府同意，现印发给你们，请认真贯彻执行。

山东省人民政府办公厅
2015年3月16日

（4）指示性通知。

通知缘由：简要说明发通知的目的、原因、针对的情况等，然后用"现将有关事项通知如下"等过渡到下面。

通知事项：布置工作、安排活动、做出指示、提出明确的措施、步骤。

通知结语：提出执行要求。

（5）会议通知。

先写召开会议的目的（缘由、根据）及名称，并用"现将有关事项通知如下："过渡到下文。

然后写通知的事项：包括召开会议的时间、地点；会议的内容和主要程序；对与会人员身份的要求；报到时间、地点及联络人；对与会人员会前准备工作的要求。

结尾常用"特此通知"或"请准时出席"作结。

【例文】会议通知

关于召开2014～2015学年第二学期乒乓球协会总结大会的通知

协会各部门：

为了更好地总结本学期的各项工作，加强各部门之间的交流与学习，进一步促进协会工作的开展，经协会主席团研究，决定举行2014～2015学年第二学期工作总结大会。现将有关事宜通知如下：

一、会议时间：2015年6月23日 周二 14:00
二、会议地点：阶梯一教室
三、要求：
1. 各部门提交本学期的工作总结，于6月20日前交到协会办公室。
2. 各部门负责人在大会上作本部门学期工作总结，时间控制在10分种以内。
3. 参会人员为各部部长及协会骨干会员，请准时参加。

乒乓球协会
2015年6月10日

（6）任免通知。

任免通知的正文，第一部分一般说明任免的依据，多用"经××研究决定""根据××、经××研究决定"一类用语领起第二部分，即任免事项，每个事项单独为一个段落，以达到醒目的效果。

【例文】任免通知

关于××等同志职务任免的通知

××建筑分公司：
董事会会议研究决定：
张××任经理，主持全面工作；
赵××任副经理，主持施工工作。
免去黄××的经理职务和王××的副经理职务，由集团安排其他工作。
特此通知。

××集团董事会
二〇一四年三月七日

（四）生效标识

公章盖在成文日期上。成文时间一般以领导人签发的日期为准；如系联合行文，以最后签发机关的领导人签发日期为准，联合发文机关都要加盖公章。

成文日期要写明年、月、日，用汉字书写，位于正文下方偏右。

【病文诊断】

关于召开县（市）、区教育工会主席会议的通知

各县（市）、区教育工会，高新开发区、东湖旅游度假区教育工会：
经研究，定于6月22日召开县（市）、区教育工会主席会议。现将有关事项通知如下：
一、会议地点：××市新华大酒店3楼3号会议室（华西路西门口）；
二、会议时间：6月22日上午9:00正式开始，会期一天；
三、参会人员：各县（市）、区教育工会主席或常务副主席一名；
四、会议内容：总结上半年工作经验，交流下半年工作思路，部署下阶段工作。
请安排好工作，准时与会。

××市工会
2014年5月10日

【评析】

1. 四条通知事项的逻辑顺序应该调整一下。重要的放在前面说，先说会议内容，再说参加对象，然后是时间和地点。

2. "会议时间：6月22日上午9:00正式开始"，其中的"正式"没必要说，可以删去。"会期一天"，有些笼统，应该说明几点开始，几点结束，以便于参会人员安排行程。

3. 标点符号方面的问题。四个具体事项后面都应该写句号，而不是分号。

4. 正文后面应该注明联系人的姓名、电话和电子邮箱、地址，以方便联系。

【例文】

关于做好中央国家机关厉行节约反对食品浪费工作的通知

中央国家机关各部门、各单位：

为认真贯彻落实中共中央办公厅、国务院办公厅《关于厉行节约反对食品浪费的意见》，切实做好中央国家机关食品节约工作，现就有关事项通知如下：

一、开展厉行节约反对食品浪费宣传教育

各部门、各单位要高度重视，把厉行节约反对食品浪费工作作为践行社会主义核心价值观、落实党的群众路线和反对"四风"的重要举措，切实抓紧抓好。在"世界粮食日"、全国爱粮节粮宣传周等重要活动期间，通过悬挂节约标语、发放倡议书、印发宣传册、举办平衡膳食讲座、召开座谈会等形式，积极倡导崇尚节俭、科学健康的绿色消费观念和饮食文化，营造"节约食品、人人有责"的浓厚氛围。宣传先进典型，曝光浪费现象，进一步增强干部职工节约食品光荣、浪费食品可耻的意识，努力形成"节约食品从我做起，反对浪费机关带头"的良好风尚，带动全社会积极参与厉行节约反对食品浪费行动。今年10月，各部门、各单位要结合"世界粮食日"主题宣传活动，组织开展节约粮食电子倡议书签名活动。

二、深入推进"文明用餐、反对浪费"行动

各部门、各单位要认真总结去年以来开展的"文明用餐、反对浪费"行动情况，推广先进经验和典型做法，继续开展"文明餐桌""光盘行动"等主题活动，开创文明用餐新风尚。要教育引导干部职工厉行节约，克勤克俭，树立健康、科学、合理的饮食新理念，养成文明节俭的餐饮习惯；在机关食堂用餐时，做到按需取用、少取多次，不浪费食品。在食堂明显位置摆放提示牌，提醒用餐人员健康饮食，适量取餐；设立食品节约监督员，加强巡视检查；在餐厅安装监控视频设备，对浪费行为进行批评教育。各部门、各单位食品节约工作成效将作为健康食堂创建和文明单位创建的考核内容。2014年四季度，国管局将组织召开中央国家机关"文明用餐、反对浪费"行动现场交流会。

三、抓好机关食堂食品节约工作

（一）加强食品采购管理。加强食品采购成本控制管理，做好主副食和原材料人均餐次消费定量统计分析，确定合理采购供应量。严格执行食品、原材料采购计划和索证、质量验收制度，米、面、油、肉等大宗原材料实行定点采购、分批配送，生鲜食品等原材料实行少采勤采、即采即用，尽量采购当地应季食材，减少储存消耗，做好台账登记，日清月结。

（二）做好食品储存保管。执行食品原料出入库清单制度，出入库要严格登记签收。制定食品原料、调料辅料人均定额标准，根据每日就餐人数对米、面、油、盐等原料辅料实行定量供应。食品原料储存做到专库分架，离墙隔地，张贴保质期标识，确保先进先出。加强仓库、冷库等基础设施建设，控制温度湿度，防止食品腐烂变质造成浪费。

（三）提高原材料初加工利用率。严格落实餐饮作业初加工标准，规范原材料初加工工艺流程，增加蔬菜的预处理环节，确保蔬菜净菜率平均达到85%以上。推行厨余食材深加工，充分利用食材边角料制作食品，创新搭配方式，提高原材料出成率。

（四）注重食品烹制管理。建立食堂用餐人员统计制度，根据用餐人数、饮食习惯和食材用量，制定食品供应配餐计划。参照《中国居民膳食营养指南》，按照卫生可口、营养健康、经济适量的原则烹制食品，合理搭配菜品花样，粗粮细做，注重膳食平衡，严格执行每人每天摄入25克油、6克盐的标准。加强厨师技能培训，机关食堂厨师要具有初级工以上职业资格证书，推行菜品末位淘汰制，提高烹饪水平和饭菜质量。

（五）改进供餐用餐方式。根据就餐人数情况，合理设计上菜时间和份量，热菜少炒勤炒，定时适量供应，用完再上；面食由大变小，减少剩余。具备条件的单位可实行自助点餐计量收费，供应小份或半份食品，方便用餐人员适量选取。

（六）实现餐厨垃圾源头减量和资源化处理。做好机关食堂垃圾分类减量，从源头控制餐厨垃圾产生量，切实降低剩菜剩饭率。加强食堂餐厨垃圾资源化处理设备建设，落实《北京市推广餐厨垃圾就地资源化处理项目指导意见》要求，每日就餐人员规模1000人或1000平米以上的机关食堂要加快配备餐厨垃圾生化处理设备。2015年底前，机关本级食堂要实现餐厨垃圾就地资源化处理。

四、建立机关食堂食品节约工作统计通报制度

各部门、各单位要制定机关食堂食品节约工作统计通报制度，明确食品节约、餐厨垃圾减量的考核指标，按季度进行统计，统计结果在机关内部通报。机关食堂要指定专人负责统计台账，每日根据采购原始凭证和食品出入库清单统计谷类、蔬菜类、畜禽肉蛋类和油类消费量，对照餐厨垃圾总量、就餐人次等数据进行分析；每季度统计人均谷类、蔬菜类、畜禽肉蛋类和油类消费量、餐厨垃圾产生量、平均净菜率等数据，做好分析利用。国管局于每年二季度对各部门、各单位食品节约工作情况进行抽查，并通报检查结果。

各部门、各单位要加强组织领导，明确职责分工，建立反对食品浪费工作目标管理责任制，后勤部门主管领导、食堂主管、员工层层签订目标管理责任书，落实奖惩措施，加强激励约束。各部门、各单位爱国卫生运动办公室、精神文明建设办公室和机关后勤部门要切实履行职责，明确任务分工，强化监督检查，形成各司其职、协调配合的工作格局，确保反对食品浪费工作措施落到实处。

国家机关事务管理局
2014年6月11日

（资料来源：http://www.ggj.gov.cn）

写作训练

1. 你所在院系准备举行元旦晚会，需要借用学校大学生活动中心，请给学校相关部门写一份申请书。

2. 为改善学校食堂就餐环境，请你拟定一份"文明就餐公约"。

3. 俗话说："吃不穷，穿不穷，不会打算一世穷。"每个学生都要学会按计划用钱。请你将一个学期的开支（包括交费、购买学习生活用品、伙食及其他费用项目）先预计一下，做一

表格式计划，必须说明的内容用文字作简要说明。

4. 2010年11月28日，外国记者新闻中心向各国媒体驻华记者发了一个通知，通知的主要内容是定于11月28日下午4:30在外交部新闻发布厅（南楼蓝厅）举行记者会。届时将发布重要消息，不回答提问。欢迎各位记者参加。请根据以上情况，按照通知的格式，拟写这个通知。

情境迁移

情境一：毕业后，你来到××公司工作，按公司业务汇报规范，每个季度你都需要对该季度的工作做一个表格式的计划上交。

情境二：车间的规章制度已经陈旧了，请你针对现在车间工作流程及要求，重新撰写一份车间生产管理规章制度。

情境三：工作一段时间后，你开始承担一定的管理工作。现在本部门的货运班组织体系发生了变动，你负责撰写一则通知，将具体的变更情况传达给本部门人员。

知识拓展

通告

一、通告概述

（一）通告的概念

通告"适用于公布社会各有关方面应当遵守或周知的事项"（国务院《国家行政机关公文处理办法》，2001年1月施行），其法规性与政策性都比较强，相关方面必须遵守不得违背。

（二）通告的特点

1. 广泛性

通告的发文机关不受级别限制，党政机关、企事业单位、人民团体都可发布通告。

2. 知照性

即让一定范围内的人们或特定的人群知晓通告的内容。

3. 约束性

有的通告不仅仅在于让公众了解情况，还要求遵守有关规定，在某些情况下，通告具有强制执行的效用。

4. 行业性

通告往往是实际业务活动而发出的，一般由主管部门在一定的行业范围内公布。

（三）通告的分类

按照通告的内容、性质和要求可分为：知照性通告和祈使性通告。

1. 知照性通告

即公布某些事项，让有关单位和个人周知的通知，如《关于调整我省中国电信移动电话入网费的通告》。

2. 祈使性通告

即公布要求有关单位和人员周知且必须遵守的有关事项的通告，如《××省人民政府关于禁毒的通告》。

二、通告的结构与内容

通告一般由标题、正文和落款三部分组成。

（一）标题

1. 完全式标题

由发文机关、事由和文种三要素组成的标题，如《中华人民共和国国务院关于打击盗掘和走私文物活动的通告》。

2. 省略式标题

（1）省略发文机关名称，如国家烟草专卖局等四部门联合发布的《关于严厉打击卷烟走私整顿卷烟市场的通告》。

（2）省略掉发文事由，如《中国人民共和国商务部通告》。

（3）省略发文机关、事由，只保留文种，如《通告》。

通告的发文字号标在标题之下，一般靠右。

（二）正文

通告的正文一般包括通告原由、通告事项和结语三部分。由于通告是在一定范围公开张贴或通过报纸、广播、电视等传播媒体发布，所以一般没有具体受文机关。

1. 通告原由

阐明发文的原因、目的、意义及法律依据等，常用"为了……"或"根据……"的句式来说明，并用"特通告如下""特作如下通告"等作过渡语引领通告事项部分。要求写得简明扼要。

2. 通告事项

这是正文的主体部分，内容较多的应采用分条列项式行文；内容较简单的，则可用概述式行文。

分条列项式：即依事项内部的联系先将其分解成若干条款，再选用恰当的排列方式将各条组合成一个整体，全面而又条理清晰地叙述或说明通告的内容。

概述式：即将所要通告的事项概括总结为一段简洁的文字呈现出来。

3. 结语

可以提出希望、要求，如"以上各点，希遵照执行"；有的指出实施时间，如"本通告自发布之日起执行"；有的提出奖惩要求，如"对……有功的单位和人员，给予表扬、奖励""对违反本通告者，将依法严惩"；有的以"特此通告"惯用语收束全文。

（三）落款

如果通告标题中有发文机关，又有题注，可以不用落款，否则必须在落款处写明发文机关。最后应写明成文日期。

三、通告与通知的区别

1. 所告知的对象不同

通告所告知的对象比较广泛，不专指某些人或单位。通知的对象是有关的单位或人员，它所告知的对象是有限的。

2. 知照方式不同

通告必须张贴出来，或在报刊、电台、电视台等新闻媒体公开发表，大力宣传。通知一般只通过某种公文交流渠道，传达至有关部门、单位或人员。

3. 目的不同

通知主要是通过具体事项的安排，要求下级机关在工作中照此执行或办理；通告公布在一定范围内必须遵守的事项，它所宣布的规定条文，具有政策性、法规性和某种权威性，有着较强的、直接的和具体的约束力。

【例文】

关于招募第三次全国经济普查事后质量抽查
社会义务督察员的通告

第三次全国经济普查工作在社会各界的大力支持与密切配合下，现场数据采集工作已经顺利完成。根据经济普查工作安排，6月份，国务院第三次全国经济普查领导小组办公室（以下简称"国务院经济普查办公室"）将在全国开展经济普查事后质量抽查工作。为了提高经济普查事后质量抽查工作的公开性与透明度，发挥社会公众的监督作用，国务院经济普查办公室决定面向社会公开招募"第三次全国经济普查事后质量抽查社会义务督察员"，参与事后质量抽查工作。现将有关事项通告如下：

一、关于经济普查事后质量抽查

（一）事后数据质量抽查目的。在普查登记工作全面完成后开展事后质量抽查工作有三个目的：一是了解普查登记中发生的单位和指标差错情况，测算综合差错率，对第三次全国经济普查全国及分省数据质量进行定量评估；二是根据综合差错率，结合普查主要环节的工作情况，对各省（区、市）经济普查工作质量进行评价；三是掌握普查主要指标的误差情况，为审核分省（区、市）普查数据提供重要参考依据。

（二）事后质量抽查工作的组织。第三次全国经济普查事后质量抽查工作，由国务院经济普查办公室负责。按照《第三次全国经济普查事后质量抽查工作方案》的规定和要求，组成32个抽查工作组，对全国31个省（自治区、直辖市）和新疆生产建设兵团统一组织抽查。每个抽查工作组负责1个省（区、市）或者新疆生产建设兵团的抽查工作。

（三）事后质量抽查工作的时间安排。抽查工作将于6月开展。各抽查组6月上旬在北京集中培训，随即赴抽查地区开展现场抽查工作。培训及现场抽查工作共需要大约12~15天时间。

二、关于招募社会义务督察员

（一）社会义务督察员的责任。按照《第三次全国经济普查事后质量抽查工作方案》的规定和要求，社会义务督察员全程参与事后质量抽查工作，对抽查工作全过程实行监督，并协助抽查组做好抽查对象的宣传解释工作。

（二）招募社会义务督察员数量和条件。共招募社会义务督察员32人，每人参加1个抽查组。要求报名人员具有较高的政治觉悟，较强的责任心和奉献精神；能够全脱产参加此项工作15天以上；能够适应艰苦地区的工作环境，能够承担较为繁重的工作任务；有高中以上文化程度，年龄在25~55岁之间，身体健康。有基层经济普查工作经历的人员优先考虑。

（三）其他有关事项

1. 招募的社会义务督察员，工作期间的差旅费、食宿费、工作中的交通费和意外伤害保险费，均由国务院经济普查办公室按照国家相关规定承担。工作期间无其他经济补偿。

2. 按照《中华人民共和国统计法》和《全国经济普查条例》的相关规定，社会义务督察员在工作期间要与国务院经济普查办公室统一签定相关责任条款。

3. 招募方式采取自愿报名，国务院经济普查办公室根据报名情况研究选定，并在6月初正式通知入选人员。

4. 国务院经济普查办公室承诺，报名表所填信息只用于对招募人的审定和联系，不会外泄，不会用于其他目的。

欢迎有意愿、符合条件的社会各界人士积极参与第三次全国经济普查事后质量抽查工作，报名者请于2014年5月25日前，将报名表（见附件）电子版以邮件形式发送至国务院经济普查办公室（邮箱地址：dengxl@gj.stats.cn），并传真手签件（传真电话：010-68783710）。

联系人：邓筱林

电　话：010-68783706

附件：第三次全国经济普查事后质量抽查社会义务督察员报名表。

国务院第三次全国经济普查领导小组办公室

2014年5月12日

（资料来源：http://www.stats.gov.cn）

项目四　社会热点调查

情境导入

为提升校园文化氛围，形成良好的校风、学风，院团委特借"职场实用文体"实践课堂，组织一次校园调查，围绕我院大学生在校学习、生活、身心各方面关注的热点问题进行调查，完成的调查报告将呈送学院有关部门。

项目架构

1. 设计、发放、回收调查问卷，完成数据统计；
2. 分析数据，撰写调查报告；
3. 根据调查报告完成演示文稿的制作；
4. 调查成果汇报展示。

重点难点

教学重点：调查问卷的设计，调查报告的写作。
教学难点：分析数据，制作演示文稿。

学习内容

本项目涉及的应用文体有：调查问卷、调查报告、演示文稿。

任务 1　设计调查问卷

一、调查问卷概述

调查问卷又称调查表或询问表，是以问题的形式系统地记载调查内容的一种印件。问卷可以是表格式、卡片式或簿记式。

在调查中，一般有多种方法，如开调查会、个别访谈、问卷调查、现场察访、统计调查、网络调查等。其中问卷调查作为一种省时省力，又能对事物进行比较全面系统的调查方法在日常工作中倍受青睐，但调查问卷作为实现调研目的和收集数据的必要手段在设计中要求也更为严格。调查项目的不同，提问形式、提问方法，甚至题目编排顺序都会影响资料的真实性。

二、调查问卷的结构

调查问卷主要由标题、正文两个部分组成。

（一）标题

调查问卷首先要有一个醒目的标题，让被调查者很快明白调查的意图。如"学生宿舍卫生间热水供应现状的调研"，而不要简单采用"热水问题调查问卷"这样的标题。这样无法使被访者了解明确调查的主题内容，妨碍接下去回答问题的思路。

（二）正文

问卷的正文部分一般包括三个部分：前言、主体和结束语。

1. 前言

也叫卷首语，它是调查问卷的自我介绍信。一般应具有以下内容：

（1）调查人员来自哪里，说明调查的主办单位和个人身份，说明为什么要向该群体（或个人）进行调查。

（2）用适当的称呼、问候表示对被调查者的尊重，如"尊敬的先生、女士：您好。"

（3）简要说明调查的内容、目的、填写方法。如是滞留问卷，还需说明回收的时间、方式。

（4）说明作答的意义或重要性。

（5）保密承诺，即对被调查者保守个人秘密，必要地说明将采取的措施，如填写问卷是匿名的，调查结果只用来调查统计综合情况，不会对被调查者产生不利影响等，以解除其疑虑。

2. 主体

问卷的主体部分主要包括：被调查者信息、调查项目、调查者信息三个部分。

（1）被调查者信息。

主要是了解被调查者的相关资料，以便对被调查者进行分类。一般包括被调查者的姓名、性别、年龄、职业、受教育程度等。这些内容可以了解不同的年龄阶段、性别、文化程度的个体对待被调查事物的态度差异，在调查分析时能提供重要的参考作用，甚至能针对不同群体写出多篇有针对性的调查报告。

（2）调查项目。

调查项目是调查问卷的核心内容，是组织单位将所要调查了解的内容，具体化为一些问题和备选答案。

（3）调查者信息。

在调查问卷的最后，要求附上调查人员的姓名、电话、调查时间、地点、调查的起止日期等，以利于对问卷质量进行监察控制。

3. 结束语

在调查问卷最后，简短地向被调查者强调本次调查活动的重要性，再次表达谢意。

如"为了保证调查结果的准确性，请您如实回答所有问题。您的回答对于我们得出正确的结论很重要，希望能得到您的配合和支持，谢谢！"如果此意已经在前言中表达，结束语也可以省略。

三、调查问卷的设计

（一）调查问卷的项目设计

调查项目设计的好坏是关系到调查活动能否成功的关键因素，它对调查问卷的有效性、真实度等起着至关重要的作用。

1. 明确调研目的、内容

在问卷设计中，最重要的一点就是必须明确调查目的和内容。为什么要调查？对哪些对象进行调查？调查需要了解什么？

首先，要确定主题和调查范围。根据调查的目的要求，研究调查内容、调查范围等，酝酿问卷的整体构思，将所需要的资料一一列出，分析哪些是主要资料，哪些是次要资料，淘汰那些不需要的资料。再分析哪些资料需要通过问卷取得、需要向谁调查等，确定调查地点、时间及调查对象。比如，要调查学生的作业习惯，可从学生做作业注意力方面、做作业规范方面、自主完成和合作方面、作业反思方面等入手调查。其中做作业规范方面就不一定要通过问卷获得答案，可通过学生的作业直观了解。

其次，要分析样本特征。即分析、了解各类被调查对象的基本情况，以便针对其特征来准备问卷。

2. 问卷项目设计

问卷项目按问题回答的形式一般可以分为封闭式问题和开放式问题。其中封闭式问题包括两项选择题、单项选择题、多项选择题等。开放式问题一般有完全自由式、语句完成式等。

不同的题型都有各自的优缺点，在使用时怎样做到扬长避短是设计调查项目的重点所在。

（1）封闭式问题。

1）两项选择题。

由被调查者在两个固定答案中选择其中一个，适用于"是"与"否"等互相排斥的二择一式问题。

两项选择题容易发问，也容易回答，便于统计调查结果。但被调查人在回答时不能讲原因，也不能表达出意见的深度和广度，因此一般用于询问一些比较简单的问题。并且两项选择必须是客观存在，不能是设计者凭空臆造，需要注意其答案确实属于非 A 即 B 型，否则在分析研究时会导致主观偏差。

2）单项或多项选择题。

即对一个问题预先列出若干个答案，让被调查者从中选择一个或多个答案。

如"决定您对应聘者取舍的重要因素是？"

  A．仪表　　　　B．谈吐　　　　C．学历或职称　　　D．专业素质或工作经验

这类题型问题明确，便于资料的分类整理。但由于被调查者的意见并不一定包含在拟定的答案中，因此有可能没有反映其真实意思。对于这类问题，我们可以采用添加一个灵活选项，如"其他"来避免。

3）程度性问题。

当涉及到被调查者的态度、意见等有关心理活动方面的问题，通常用表示程度的选项来加以判断和测定。

如"您认为博物馆通过各种文物陈列，举办文物展览，对公众进行科学文化知识、爱国主义和革命传统教育时，作用发挥得如何？"

  A．好　　　　B．较好　　　　C．差　　　　D．不了解

这类问题的选项，对于不同的被调查者有可能对其程度理解不一致。因此有时可以采用评分的方式来衡量或在题目中进行一定的说明。

（2）开放式问题。

这是一种可以自由地用自己的语言来回答和解释有关想法的问题。即问卷题目没有可选择的答案，所提出的问题由被调查者自由回答，不加任何限制。

使用开放式问题，被调查者能够充分发表自己的意见，活跃调查气氛，尤其是可以收集

到一些设计者事先估计不到的资料和建议性的意见。但在分析整理资料时由于被调查者的观点比较分散,有可能难以得出有规律性的信息,并会导致调查者的主观意识参与,使调查结果出现主观偏见。

(二) 问题项目设计的原则

设计问题项目除需要根据调查目的来选择合适的题型外,还需要遵循以下几个原则。

1. 必要性原则

为避免被调查者在答题时出现疲劳状态,随意作答或不愿合作,应注意控制问卷的长度。一般题目数量最好限定在 10~20 道左右(控制在 20 分钟内答完),每个问题都必须和调研目标紧密联系。

问卷上所列问题应该都是必要的,没有可要可不要的问题,尤其需注意避免一般性问题。如果问题的本来目的是在求取某种特定资料,由于问题过于一般化,应答者所提供的答案资料很可能无多大意义。如某酒店想了解旅客对该酒店房租与服务是否满意,将问题设计成"你对本酒店是否感到满意?"显然有欠具体。由于所需资料牵涉到房租与服务两个问题,故应分别询问,以免混乱。应该改为两个具体的问题,即"你对本酒店的房租是否满意?"与"你对本酒店的服务是否满意?"。

2. 准确性原则

问卷应使被调查者一目了然,并愿意如实回答。问卷语言表达要简洁易懂,语气要亲切,符合应答者的理解能力和认识能力,避免使用被调查者有可能不熟悉的俗语、缩写或专业术语。

3. 客观性原则

调查问卷要保持客观性,措辞要恰当,提问避免出现类似"普遍认为""权威机构或专业人士认为"等带有暗示、引导性的话语,以免答案失真。

4. 可行性原则

调查问题中可能会涉及到一些敏感性的问题,对于这类问题,被调查者有可能不愿做出真实的回答。设计提问时,可将这类题目设计成间接问句,或采用第三人称方式提问。如"你的月生活费是多少?"可改为"根据学校所在地的生活水平,你认为月生活费一般多少能保证正常的学习与生活?"。

5. 逻辑性原则

一份设计成功的问卷,问题的排列应需注意其内在的逻辑性,符合应答者的思维程序。一般是先易后难,从一个引起被调查者兴趣的问题开始,再问一般性的问题、需要思考的问题。即将容易回答的问题放前面,较难回答的问题放稍后,敏感性问题放在最后。

问题与问题之间也要具有逻辑性、连贯性,所提的问题最好是按类别进行"模块化"。问题设置紧密相关,有整体感,提问有章法。如同样性质的问题应集中在一起,利于被调查者统一思考,获得比较完整的、而不是随意性的、不严谨的信息。

【例文】

××省五年制高等职业教育语文课程标准研发组
关于毕业生语文学习反馈情况的调查

亲爱的同学:

为了更好地了解我省五年制高等职业教育语文课程的教学情况,我们进行了这次问卷调查。

您的答案对我们来说非常重要,您认真地填写是对我们工作的极大支持,我们表示衷心的感谢!本次调查我们采用匿名方式,您提供的信息,我们只用于统计分析。

单位名称		单位性质	□国企　□外企　□合资　□民营　□其他
职务		毕业院校及专业	

1. 您的工作岗位是（　　）
   A. 一线生产人员　　　　　　B. 科室技术人员
   C. 管理人员　　　　　　　　D. 销售人员
   E. 其他
2. 您觉得高职语文的学习对职业生涯是否重要?（　　）
   A. 重要　　　B. 一般　　　C. 不重要　　　D. 说不清
3. 您认为最有助于求职的语文素养及能力是哪两项（　　）
   A. 语言沟通能力　　　　　　B. 书面写作能力
   C. 阅读理解能力　　　　　　D. 信息收集能力
   E. 文学修养水平　　　　　　F. 其他（请填写）_____
4. 就工作岗位的持续发展,您认为以下哪些因素更重要（　　）
   A. 专业技能　　B. 综合素养　　C. 口语沟通能力　　D. 分析写作能力
   E. 其他（请填写）_____
5. 您认为母校的语文教学急需改进的地方（　　）
   A. 课程内容陈旧不实用　　　B. 培养学生主动学习能力不够
   C. 老师授课方式太单调沉闷　D. 缺乏语文实践活动
   E. 其他（请填写）_____
6. 您对高职阶段的语文教学还有哪些建议?

_____

感谢您的支持和配合!
如果您有好的想法和建议,可以和××省五年制高等职业教育语文课程标准研发组联系。
联系人：张群 1386433××××；李晓明 1867345××××
QQ 群：53530××××
（资料来源：××省五年制高职语文课程标准研发组　略作改动）

【评析】

本调查问卷结构完整,条理清晰,语言简练。问题项目设计虽然只有 6 个,但涉及到了毕业生就高职语文的过去学习、当下使用、未来发展不同阶段的情况反馈,能对高职语文教学的现状做大致的了解,对新课程标准的制定具有一定的参考价值。

【病文诊断】

大学生素质调查

亲爱的同学,你好!鉴于当前社会普遍认为当代大学生素质较之前相比有降低的趋势,以及就业普遍难的客观事实,为了更好地了解这其中的原因,提出符合实际且有效的改进建议,特做了以下的调查问卷，麻烦各位同学帮忙填写。在此谢谢各位同学的支持！

1. 你对自己本专业知识掌握情况怎样？
   A. 很好　　　　　B. 一般　　　　　C. 不是很好　　　　D. 不好
2. 自己的学习动力是什么？
   A. 掌握专业知识　　　　　　　B. 为了奖学金
   C. 为了文凭
3. 每学期平均去图书馆借多少本书？
   A. 5本以下　　　B. 5~10本　　　C. 10~20本　　　D. 20本以上
4. 你所在的公司很需要你，但是另一家公司给你的待遇更好，你会？
   A. 跳槽　　　　　　　　　　　B. 留在原来的公司
   C. 视情况而定（如哪家公司更适合自己）
5. 是否了解用人单位对大学生素质的要求？
   A. 了解　　　　　　　　　　　B. 稍有了解
   C. 不太了解　　　　　　　　　D. 完全不知道
6. 你在上大学期间是否规划过你的就业目标？
   A. 是　　　　　　B. 否　　　　　C. 想过，但不是很明确
7. 择业前你考虑较多的是？
   A. 经济收入　　　　　　　　　B. 个人发展机会
   C. 个人的爱好　　　　　　　　D. 生活环境
   E. 其他
8. 择业时你的首选地区是（可排序多选）？
   A. 家乡　　　　　B. 东南沿海　　C. 西部地区　　　　D. 大城市
   E. 中小城市　　　F. 乡镇
9. 毕业后你的就业意向是？
   A. 自主创业　　　B. 国营企业　　C. 私营企业　　　　D. 外资企业
   E. 无所谓，能工作就行
10. 你认为下面哪些能力在实际就业中最为重要？（可排序多选）
    A. 社会活动能力　　　　　　　B. 竞争能力
    C. 团队精神　　　　　　　　　D. 应变能力
    E. 气质品德修养　　　　　　　F. 与人合作的能力
    G. 其他
11. 你觉得大学生在大学期间看哪些书对今后的就业有帮助？（可排序多选）
    A. 与本专业有关的　　　　　　B. 能提高艺术修养的
    C. 为人处事方面的　　　　　　D. 励志的
    E. 经商管理方面的
12. 你会在什么情况下选择考研？
    A. 想深入学习　　　　　　　　B. 增加就业砝码
    C. 恋人或同学影响　　　　　　D. 父母压力
    E. 逃避工作压力，不想早进入社会　F. 作为进入更好的大学或城市的途径

13. 你觉得有哪些因素影响你毕业后的去向？
    A. 父母安排　　　　　　　　　　B. 恋爱关系
    C. 年龄　　　　　　　　　　　　D. 对家庭的责任
    E. 周围同学　　　　　　　　　　F. 自己
14. 你的择业观念是？
    A. 一步到位，有固定收入　　　　B. 先就业，后择业，再创业
    C. 不就业，继续深造　　　　　　D. 无所谓
15. 你是以什么方式为解决自己就业问题的？（可排序多选）
    A. 校就业宣传栏　　　　　　　　B. 校就业网站
    C. 其他就业网站　　　　　　　　D. 校供需见面会
    E. 其他供需见面会　　　　　　　F. 家人安排
    G. 其他
16. 你通过何种方式向用人单位介绍你的情况？
    A. 建立自己的信息网站　　　　　B. 寄发自荐材料
    C. 由学校推荐介绍　　　　　　　D. 自己直接向用人单位介绍自己
    E. 通过熟人介绍　　　　　　　　F. 其他
17. 就业后你最关注什么？
    A. 个人职业上的发展　　　　　　B. 未来的家庭
    C. 深造机会　　　　　　　　　　D. 单位前景与经济收入
18. 你认为当前学哪类专业更易于找到工作？（可以多选）
    A. 文史类　　B. 经济类　　C. 工科类　　D. 农林类
    E. 管理类　　F. 理科类　　G. 师范类　　H. 其他（请具体填写）
19. 个人感觉在哪方面需要加强能力，以增加自己工作上的竞争力？
    A. 专业技能（列明何种技能：_____）
    B. 外语能力水平，包括写与听
    C. 自信和肯定的面试表现
    D. 其他（列明：_____）
20. 你觉得考证对将来就业有帮助吗？
    A. 有很大帮助　　B. 应该有帮助　　C. 没有帮助　　D. 不清楚
21. 你认为当今大学生就业前景如何？
    A. 乐观　　B. 比较乐观　　C. 悲观　　D. 比较悲观
22. 你认为以下哪些因素影响大学生就业？
    请根据影响大小依次排出前三项（_____ _____ _____）
    家庭出身　国家政策因素　学校教育　所学专业　外貌　性别　经济状况
23. 你认为自己的专业技能如何？
    A. 很好　　B. 强　　C. 一般　　D. 较弱
    E. 很弱
24. 你想过自主创业吗？
    A. 是　　　　B. 否

25. 如果是自主创业，你认为你最需要的是什么？
    A. 资金　　　　B. 政策支持　　C. 技术　　　　D. 其他（可以具体填）
26. 你认为理想或希望从事的职业（或工作岗位）是下面哪类？
    A. 公务员　　　B. 科研人员　　C. 教师　　　　D. 技术人员
    E. 管理人员　　F. 其他

（资料来源：http://www.doc88.com）

【评析】

1. 调查对象比较笼统。我们国家的高等教育分很多层次，即使在同一学校，不同专业对学生素质的要求也存在差异，对调查对象应该做进一步的细分。

2. 问题设计不太合理。此问卷是对大学生素质的调查，在问题的设计上对大学生素质的提及较少，更多的是对大学生的就业意向及其影响因素的调查，题目与问题不相符。

3. 缺乏开放式的问题。不同的人对同一个问题的看法见解不一样，在设计问卷时要注意不能让别人完全按照自己设计的思路走，要给他们自由表达的空间。

4. 问题缺乏分类，不利于统计。

5. 题量偏大，除非是付费的问卷调查，否则不容易获得被调查者的合作。

任务 2　撰写调查报告

一、调查报告概述

（一）调查报告的概念

调查报告是作者有目的地对某一工作、某一问题或某一事件做深入细致地调查研究之后，将所得的信息资料用科学的方法加以整理，得出揭示事物本质和客观规律的结论，提出合理建议的书面报告。

（二）调查报告的作用

调查报告是现实生活和日常工作中常用的一种文体。它可以作为领导决策的依据，可以用来推广新生事物、树立先进典型，也可以揭露社会问题和事实真相。

（三）调查报告的类型

调查报告可以分为两大类：

1. 综合类调查报告

围绕一个中心问题，对调查对象进行全面的、系统的调查，涉及面广，得到的资料全面，因此它的结论覆盖面广，准确度高，指导作用大。这类调查报告的工作量大，耗时多。

2. 专题调查报告

这种调查报告的内容单一，调查的范围明确，对象集中、固定，专业性、针对性较强，方式灵活，适用范围广，但普遍性不强。

专题类调查报告又可具体分为如下几种：

（1）经验调查报告。

这类调查报告是为了概括出先进人物或先进地区、先进单位的正面经验，使其便于在正面上发挥影响。调研对象是一个或一类特定的先进典型。调查报告写成后，所概括的经验可以为有关人员或单位所借鉴，使之从中受到启发；也可作为有关主管部门开展学习先进活动的素材。

（2）情况调查报告。

这类调查报告因调查目的、范围和用途的差异，又可分为"经验调查报告""问题调查报告""情况调查报告"等。"经验调查报告"主要反映典型经验；"问题调查报告"主要反映突出存在的某一问题；"情况调查报告"主要沟通某一情况，交流某种信息。

（四）调查报告的特点

1. 真实性

调查报告的写作过程及特点类似新闻写作，真实性是它的重要特点。因此，必须从实际出发，以事实为依据，详尽、广泛地占有事实材料。通过客观的分析，准确的判断，得出正确的结论。

2. 针对性

调查报告既然是决策机关决策的重要依据之一，它就不是简单地事实罗列，必须目的明确，有的放矢地对某种新情况、新问题进行调查，提出有针对性的建议，切实解决问题。

3. 时效性

调查报告要宣传新典型，反映新情况，暴露新问题，表达新思想，这一切都要在一定时间范围内完成，才能发挥其辅助决策的效益。

二、调查报告的结构和内容

调查报告一般由标题、正文、落款三个部分组成。根据需要，有的调查报告还有参考文献、附录。

（一）标题

调查报告的标题形式多样，总的来说可分为两种类型：一种是单行标题，一种是双行标题。

1. 单行标题

单行标题分为公文标题写法和一般文章标题写法两种。

（1）公文标题。

这种写法的优点是能使人一下子明确文种，并了解调查的对象和调查报告的目的，如《校园微商创业可行性调查报告》。但是，采用公文标题写法容易写得过于冗长，而且比较平淡，不利于诱发读者的阅读欲望。

（2）文章标题。

采用文章标题写法虽也有不利的一面，如不能让人由标题一眼看出文种，但处理得好，能使人看了标题便对调查对象和调查报告的目的有所了解。而且标题还有可长可短、可严肃可谐趣、可描述可设问的优点，因而，容易写得生动有趣，引人注目。例如：《愤怒的烧鸡》《新闻纸紧张的症结何在？》《决不能让敦煌成为第二个"楼兰"》等。

2. 双行标题

由正标题和副标题组成。正标题一般用来揭示报告的主旨或揭示调查者对这个问题的看法；副标题则直接标明调查的对象与内容，由调查对象和文种组成。如《高职毕业生就业存在误区——××省职业技术学院2014年毕业生就业情况调查》。

无论是单行标题，还是双行标题，必须概括全文的基本内容。

（二）正文

调查报告的正文由前言、主体、结尾构成。

1. 前言

又称"引言"，是调查报告的开头部分，有着总起或提示的作用。可以概括地介绍调查情况，如调查的意图、对象、范围、时间和地点、调查的经过和方法等；也可以概括介绍调查的主要内容和观点；还可以交待调查工作的背景以及通过调查所获得的结论，使读者获得初步印象。前言必须概括而扼要。

【例文】

大学生如何过周末

《××师范大学报》学生记者团和南师大校社联社会调查协会日前共同进行了一次题为《大学生如何过周末》的问卷调查。此次调查在师大杏林校区进行，共发放问卷200份。在调查中发现，大学生大多能合理安排周末生活，周末用于学习的时间也比较多，大多数同学希望过得更加充实而有意义。

....

【例文】

关于大学生传统民族节日意识的调查报告

随着时代的发展，中国与西方国家的交流日趋频繁，中西方文化的差异也渐渐统一化，这就造成很多人淡化了中国传统节日文化而注重外来节日，像2月14日的"西方情人节"、4月1日的"愚人节"、12月25日的"圣诞节"等西方国家节日在中国变得相当流行，而中国传统的节日像农历五月初五的"端午"等节日却被我们中国人淡化了。就此问题，我们对西安部分高校的部分在校大学生做了关于中国传统民族节日意识的调查，现就调查结果做以下分析报告。

....

【评析】

调查报告的前言写作一般有"概述式""议论式""综合式"几种主要形式。例文1采用的是概述式，即用概述的方式来介绍调查的时间、对象、方式及调查的问题与结果等。例文2采用的是议论式，即对调查的对象与问题发出简短的议论，由此引入主体。

2. 主体

主体部分是一篇调查报告的主干、核心。通过叙述调查得来的材料，呈现确凿无误的数据。运用严密的逻辑，对所调查的现象作简明扼要的分析，归纳出经验或教训，揭示出实质或规律，得出正确的结论，提出有效的对策。简单地概括为：摆现状－析原因－提建议。

主体部分常用的结构形式有横式、纵式与复合式三种。

（1）横式结构。

横式结构也叫并列结构，即将调查的材料、问题的性质、得出的结论意见等，概括并列为几个部分，分别加以说明和阐述。

横式结构使报告显得条理清楚，观点突出，运用起来比较方便。也可以用小标题、序列词连缀，从不同方面进行叙述说明。

（2）纵式结构。

纵式结构即根据事情发展的先后顺序、先因后果的逻辑关系，排列组织材料，将情况、分析、建议等内容逐一展开，逐层深入，便于读者了解事情的来龙去脉。这种结构尤其适合于对新生事物、典型人物事件的调查。

（3）复合式结构。

复合式结构即将横式和纵式相结合的结构，它遵循作者或读者认识事物的发展规律，从事物的外部情况入手，逐步深入地提示事物的内在联系。这种结构适用于头绪繁多、内容复杂的大型报告。

3. 结尾

结尾在调查报告中比较灵活，并非必备。一般是对主体部分陈述的事实进行概括归纳，或重申观点，写出总结式的意见；或说明调查中存在的问题；或预测可能遇到的风险和相应对策；或提出未能解决而又须引人注意的问题等。如果在主体部分中写清楚了，也可以没有结尾。

（三）落款

调查报告要署单位名称或个人姓名与时间，均写在正文的右下方，各占一行；有的署名写在标题下方，文尾只写时间。

【例文】

大学生兼职调查报告

为了更好地了解我院大学生社会兼职情况，结合"职场实用文体"的实践教学要求，我们电子商务专业14级三班三组利用一周时间，在校园内开展了一次题为"大学生兼职状况"的社会调查。本次调查采用问卷形式，共发放问卷100份，其中一年级20份，二年级30份，三年级50份，收回100份，有效回收率100%。总体来说，被调查男女生人数基本相等。本次调查主要涉及大学生兼职的类型、目的、期间遇到的问题及解决办法、收入情况等内容。调查发现：

一、看待兼职的态度

1. 有无必要兼职

从性别来看，分别有46.9%的男生，52.9%的女生认为大学生兼职非常有必要；而认为大学生没必要兼职的占0%，其余的则认为可有可无。

从年级来看，一年级、二年级、三年级分别有30.9%、35.2%、60.8%的同学认为大学生兼职非常有必要，其余同学均认为可有可无。

2. 是否从事过兼职

从性别来看，分别有14.3%的男生、11.8%的女生经常兼职；75.5%的男生、78.4%的女生偶尔兼职；10.2%的男生、9.8%的女生从未兼职。与此同时，各年级差异性不大，即绝大多数同学偶尔兼职，少数同学经常兼职或从未兼职。

调查发现，由于社会对女性就业的歧视，女生认为非常有必要兼职的比例明显高于男生；随着年级的增长，同学们意识到就业形势愈来愈紧迫，认为非常有必要兼职的同学比例显著增长。

二、寻找兼职的途径

从性别来看，分别有69.4%的男生、45.2%的女生自己寻找兼职；38.8%的男生、25.5%的女生通过熟人寻找兼职；22.9%的男生、27.5%的女生通过中介机构寻找兼职；还有部分同学通过广告寻找兼职。与此同时，各年级差异性不大，基本与总体情况相符。

调查还发现，80%以上的同学认为学校非常有必要成立专门的兼职指导机构，以丰富同学们的课余生活并确保兼职的安全。

三、从事兼职的类型及范围

从性别来看，分别有80.8%的男生、40.7%的女生做过家教；分别有16.3%的男生、78.4%的女生做过促销；分别有13.2%的男生、29.4%的女生发过传单；同时，还有少数同学从事过礼仪、家政、餐饮等兼职工作。

从年级来看，一年级、二年级、三年级分别有65%、75.5%、98%的同学做过家教；分别有5%、7.5%、26%的同学做过促销；分别有20%、30%、16%的同学发过传单。

调查发现，同学们兼职的种类比较单一，而且性别差异较大。经分析，原因有二：一方面时间有限，同学们只能选择耗时少、收入较高的工作；另一方面社会经验较少，工作能力有限，诸多用人单位不予考虑。

四、从事兼职与学习之间的关系

不论从性别还是从年级来看，均有90%以上的同学认为兼职对学习的影响因人而异，只要注意调整，能够二者兼顾，还有小部分同学说不清楚二者是否会相互影响。

五、从事兼职的目的及收获

从性别来看，分别有45.2%的男生、37.3%的女生认为兼职可以赚到一笔完全属于自己的钱，颇有成就感；分别有43.6%的男生、60.8%的女生认为兼职可以积累社会经验，为今后的工作奠定基础；分别有11.2%的男生、1.9%的女生认为兼职可以拓宽交际面。

调查发现，绝大部分同学从事兼职的目的比较明确，认为兼职的收获主要是赚钱和积累社会经验，少数同学认为可以广交朋友，拓宽交际面。

六、兼职过程中遇到的困难及应对方式

不论从性别还是从年级来看，超过70%的同学偶尔遇到过困难；20%左右的同学多次遇到过困难，只有极少数同学从未遇到过困难。

所遇到的困难当中，基本不包括性别歧视，而有部分同学认为引起兼职困难的原因是自身能力不佳，也有不少同学认为是由于用人单位过于刁钻。

遇到困难时，80%左右的同学积极想方设法解决；10%左右的同学忍气吞声，自认倒霉；还有极少数同学不知所措。

七、家长对子女从事兼职的态度

通过对问卷的数据统计分析，发现50%左右的家长基本不支持子女从事兼职，主要是出于安全方面的顾虑；25%左右的家长完全同意子女从事兼职，并予以鼓励；20%左右的家长不支持子女从事兼职，他们认为学生应该以学习为主；还有极少数家长坚决反对子女从事兼职。

八、兼职所得收入的用途

数据统计结果显示，48%的同学将兼职收入作为生活费，以减轻家里经济负担；41%的同学将其作为额外的零花钱；6%的同学将其作为恋爱开支；其余5%的同学将其积累，作为长久投资（例如旅游等）。

丰富多彩的大学生课余生活给了我们无限的激情，满腔的热情，更重要的收获是兼职经历。通过调查发现，同学们大都希望在大学期间从事兼职工作，家长们也基本同意子女兼职并予以支持。在兼职过程中同学们遇到了各种各样的困难，由于缺乏经验和社会阅历，不知如何应对，甚至有些同学还被欺骗过。但也有一部分同学具有一定的特长，善于交际，能力突出，能够将兼职工作做得有声有色。另外，同学们一致认为学校应该成立专门的兼职指导机构，鼓励指导同学们从事兼职，使大家在丰富课余生活的同时，既锻炼了能力，又获得了一定的报酬，为以后的就业做好准备。

××职业学院电子商务专业 14 级三班三组
撰写人：张×× 刘×
2014 年 12 月 4 日

（资料来源：http://wenku.baidu.com 略作改动）

【评析】

这是一篇有关大学生兼职情况的调查报告。作者在掌握丰富的第一手资料的基础上，进行了一定的归纳与分析。通过调查情况分析，采用并列式结构（横式结构）阐述了大学生社会兼职八个方面的情况，指出了兼职中存在的问题。报告有根据，有归纳，有针对性，具有一定的参考价值。

另外，有的调查报告在最后还需要列出重要的参考文献目录，一方面表示对他人劳动成果的尊重；另一方面，可加大报告的信息量，提高报告的学术价值。

调查报告里的各种调查表格、原始数据、研究记录等，可以以附录的形式放在调查报告最后。

任务 3　制作演示文稿

一、演示文稿概述

（一）演示文稿的概念

演示文稿是指为完成公务、商务、学术报告及课堂教学等具体工作，在准备对听众进行公开演讲时，为使所演讲的内容重点突出，形象直观，而对演讲整体内容进行提炼浓缩，制成幻灯片，然后配以图形、图像、动画、音频和视频等多种媒体形式于一体，通过计算机进行演示的全部过程。

（二）演示文稿的特点

1. 界面可视化

可直观地表达某种观点，演示工作成果，呈现各种信息，方便快捷。

2. 丰富的媒体支持

可方便地加入图表、图像和音频、视频，使信息呈现更加形象直观、丰富灵活。

3. 交互性强

支持超级链接，灵活运用这一功能，就能制作出满足各种要求的有较强交互性的演示文稿。

（三）演示文稿的作用

演示文稿的内容可以是文字、数据或图表，还可以是直观形象的画面、声音，甚至是活动的图像。对文稿进行演示，有利于突出演讲的重点内容，增强演讲的直观性和形象性。丰富多彩的幻灯片能使听众更好地把握演讲的内容，了解演讲的意向，达到演讲者说服听众的目的。

文稿演示是演讲的重要辅助手段之一。运用文稿演示的场合很多，可以是公务活动中的新闻发布会、经验介绍等；商务活动中的产品促销、开发项目的可行性论证、业务培训等；企业生产管理活动中的安全生产培训、生产报告等；还可以是研究和教学领域的学术报告、成果展示、申报答辩及课堂教学等。

二、演示文稿的制作

目前，演示文稿的制作一般是通过 PowerPoint 软件来进行，同学们能够通过计算机课程的学习或自学来掌握，这里不做全面的介绍。本文只就文字提炼、处理过程中所涉及的问题做概括性的介绍。

（一）演示文稿的筹划

演示文稿的筹划就是对将要在公开场合进行演示的文稿从文稿内容、目的、听众和演示时间等角度进行分析研究，以使该活动具有较强的针对性。

1. 理解演讲文稿的核心内容

梳理出在文稿中要说服听众的观点，找出支持你的观点的理由、论据，尤其是那些有说服力的数据、图表。因为这些既是听众必须了解的内容，听众有权利清楚听到的是什么内容、观点、理由和事实，也是你在演示时要呈现的主要内容。切忌将演讲内容全文粘贴到演示文稿上。

具体到本项目，最后一个任务是借助 PPT 展示调查报告的成果，需要根据调查报告的内容确定演示文稿的提纲，然后逐一确定核心文字、支撑材料、数据图表及配图。

2. 明确演讲的目的

清晰的目的可以帮助设计者从听众角度出发，根据听众想听什么、想看什么、听众最关心什么而有的放矢地设计演示内容，确定沟通策略。能否达到演讲的目的是衡量演讲成功与否的唯一标准。

（二）演示文稿的提炼

演示文稿的提炼就是对将要在公开场合演讲的文稿，按照文稿演示的要求，对文字进行提炼加工，即概括出在文稿中要表达的核心内容和主要观点，以及支持观点的理由和依据，这个部分是决定演示文稿质量的基础。

演示文稿提炼的一般步骤如下：

1. 确定演示文稿的核心内容

演示文稿的核心内容决定于文稿演示的应用范围，而不同的应用范围有着不同的演示目的。如课堂教学的文稿演示，重点向学生传授知识，教案中的知识点则应成为演示文稿中的核心内容；商务宣传中的产品促销，目的是宣传、促销产品，商品的特点、质量及使用方法则应成为文稿中的核心内容。针对不同的应用范围、不同的听众群体，演示文稿的表现方式与技巧也应有所不同。

2. 确定演示文稿的陈述要点

确定演示文稿的核心内容后，就要从文稿中归纳出支撑核心内容的观点、理由及依据。

陈述要点的语言应该力求简明扼要，类似新闻标题，避免长句。如"2014，史上最难就业季，大学生还在挑！""神八天宫对接堪比太空穿针引线""'男阿姨'：这是一个有前途的职业"等。

3. 加入有说服力的数据、形象直观的图表

对于那些需要重点说明的观点,与其花费口舌宣讲,不如提供简明直观的数据、图表。以"大学生水果食用与健康生活情况调查问卷"为例,数据统计结果是以文字方式叙述,还是以表格的方式呈现,或是采用数据模型展示,大家在对比中不难发现其各自特点。

【例文】

"大学生水果食用与健康生活情况调查问卷"数据统计

调查总人数 117 人,其中女生 50 人,男生 67 人。

数据统计表

调查项目(带*的可多选)	A	B	C	D	E	总计
1. 您的年级是?	39	38	26	14	0	117
2. 您喜欢吃水果吗?	34	50	33	0	0	117
3. 您喜欢的水果最吸引您的地方是?*	60	54	59	21	16	210
4. 您每个月购买水果的次数约是?	30	27	25	17	18	117
5. 您每个月购买水果的钱数约是?	50	34	17	16	0	117
6. 您在购买水果时注重什么?*	11	59	21	5	25	121
7. 您觉得现在市场上的水果种类可以满足您的需求吗?	34	71	22			117
8. 您对水果食用知识了解多少?	0	44	49	24		117
9. 您一般怎样清洗水果?	21	74	0	22		117
10. 您一般什么时候吃水果?	12	31	63	11		117
11. 您知道水果具有以下哪些营养价值?*	10	48	59	41	10	168
12. 您知道水果具有以下哪些"性情"的分类知识?	74	56	25	80		235
13. 您知道水果食用具有以下哪些禁忌?*	75	53	48	36	28	240

数据统计图

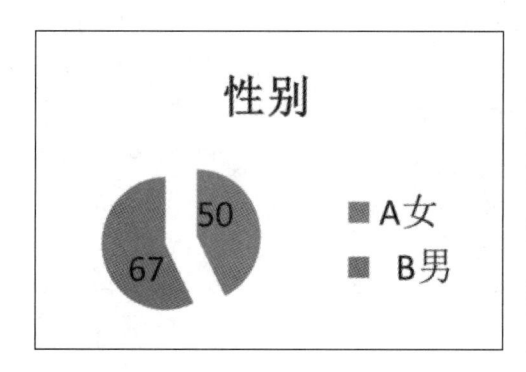

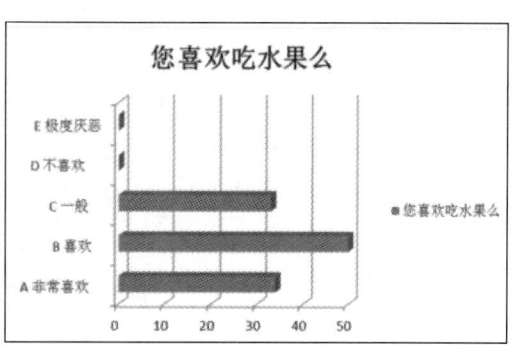

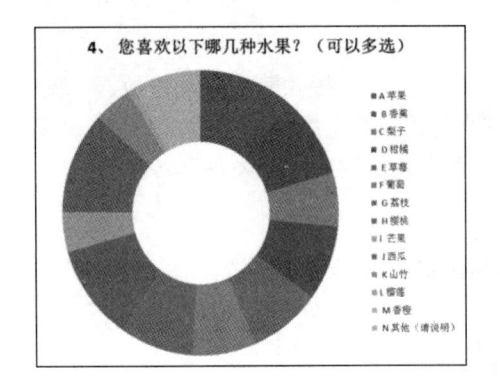

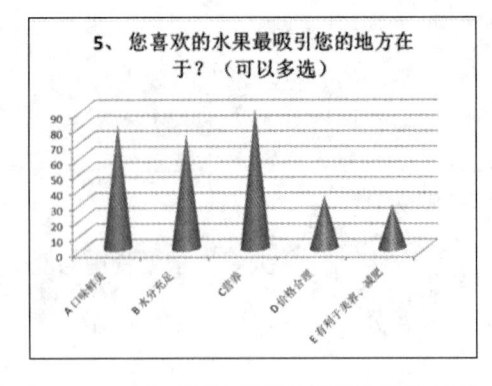

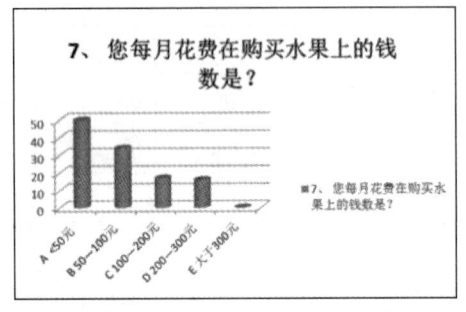

（资料来源：http://www.doc88.com）

4. 提供解决问题的方法或计划

在文稿演示中，对于需要解决的问题，或听众有可能提出的问题，文稿设计者事先要有充分的考虑，提供解决问题的方法或计划，这样才能赢得听众或评委的认可。如为顺利通过评审专家的提问，在课题项目申报答辩演示前，就应对完成课题可能遇到的困难有所研究，并找出解决问题的基本方法。对课题项目参与人应有明确的分工，研究进程有明确的计划安排，这些考虑得越周全详尽，越容易得到专家的信任，保证答辩的顺利通过。

5. 给出一个简单明了的概括性总结

演示结束时，给出一个简单明了的概括性总结十分必要。总结可以是概括演示的要点，重申建议，也可以是演示你的行动方案，并征求听众同意支持。这要视演示的应用范围和具体场合而定。

（三）演示文稿的制作

演示文稿的制作就是根据演示需要，对文稿提炼的内容进行演示技术、技巧处理的过程，即将欲要演示给听众的文稿提炼内容制作成可以供放映的幻灯片。制作过程的重点就是按照演讲文稿的内容编排演示情节，即播放内容的先后次序及播放表现技巧。制作的具体方法、技术处理，可通过学习、利用 PowerPoint 软件制作演示文稿的技术、技巧，制作出别具风格，与演讲默契配合的演示文稿，增加对听众的说服力。

这里简单介绍演示文稿制作理念上的一些基本要求。

1. 编排演示情节

根据听众的基本情况，决定播映内容的先后次序。通常是把演示文稿分成介绍、主体和结束三个部分，然后将演示的要点进行编排，如下图所示。

情节：介绍 → 主体 → 结束

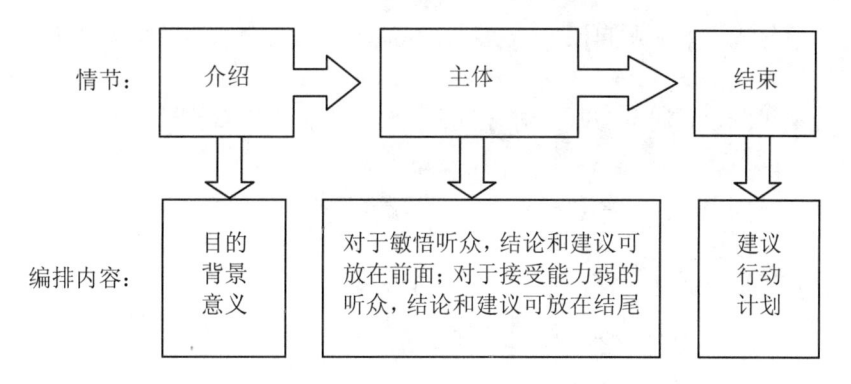

编排内容：
- 目的 背景 意义
- 对于敏悟听众，结论和建议可放在前面；对于接受能力弱的听众，结论和建议可放在结尾
- 建议 行动 计划

2. 设计直观图板

直观图板能够形象化地表现演讲中的要点，使要点看起来很容易理解。

【例文】

"大学语文"课程内容的选择与建构说明，如下图所示。

课程内容选择建构：
- 重点：梳理、构建、探讨
- 立足：中国古代传统文化
- 选取：具代表性的作家作品
- 形式：采取专题讲座

【评析】

"大学语文"课程内容的选择与建构说明，作者要从内容选择与知识建构的重点，即梳理文学发展脉络，建构完整的知识构架，探讨有关的文学命题；从内容选择与知识建构的立足点，即中国优秀的传统文化；从内容选择与知识建构的作品选取原则，即具有代表性的作家作品；从授课的形式，即采取专题讲座的方式几个方面说明，如果用文字表述起来，需要几百甚至上千字说明，而用直观图板的表现就更简洁、有力、直观。

（四）演示文稿制作注意事项

（1）图像设计尽量简单化，把文本呈现的内容限定在尽量少的字符内。
（2）保证坐在最后排的人也能清晰地看到屏幕上的内容。
（3）有目的地使用颜色，而不仅仅是为了装饰。一页幻灯片上使用的颜色不宜过多。
（4）尽量减少使用特殊效果（如动画片）。
（5）掌控全局，合理控制演示时间。避免因添加一些演示的技术，如声音、动画、视频等，延长原定演示时间。

三、演示文稿的演讲

演示文稿的演讲就是把语言表述与 PPT 演示有效结合，向听众讲解自己的观点或介绍信息、展示成果。演示演讲与一般场合的演讲基本相同，但有些需要特别注意的地方：

（1）演讲过程中要注意自己的语言表述与演示有效配合，相互映衬，切忌演示与讲解内容互相脱节。

（2）在演讲时，要注意与听众进行目光交流，讲话要自然放松，语调丰富，切忌两眼只盯着电脑屏幕。

（3）演讲者的位置最好站在屏幕一旁，需要提醒听众注意的地方，可以借助鼠标移动加以提示。

（4）在更换演示画面之前，准备好过渡的词语。

（5）耐心倾听听众的提问，在回答前，稍做停顿，恰到好处地回答问题，然后用过渡词语回到演示内容。

关于演示问题，提出如下建议：

第一，在演示前反复练习。如果对演示的内容已经完全熟悉，并在演示前已经充分考虑到一些可能出现的问题，演示时就会轻松上阵。

第二，提前来到演示现场，与技术人员做好事前准备。建议在正规演示前，确定好设备的视频和音频功能与所使用的软件是否兼容；注意室内光线，屏幕周围要暗些，室内其他地方要足够明亮；如果出现技术故障，应有一位技术专家留在现场及时处理。

第三，准备备用的图像材料。文稿在演示过程中，很可能出现异常情况，如果有备用的图像资料，会应付自如。

第四，在过渡时间较长、回答观众问题或进入讨论时，必须保持屏幕的空白。空白的屏幕可以保证观众的注意力不受图像的干扰。

【演示文稿示例】图1～图6是《职场实用文体》课程教学内容演示。

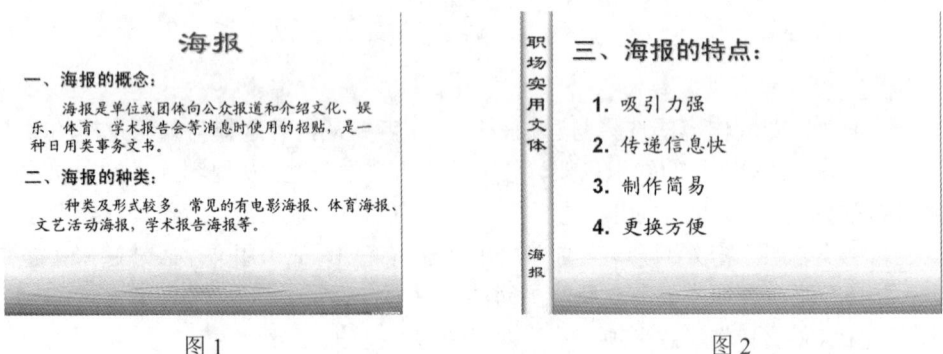

图1

图2

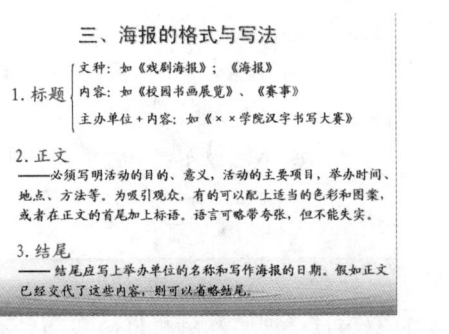

图3

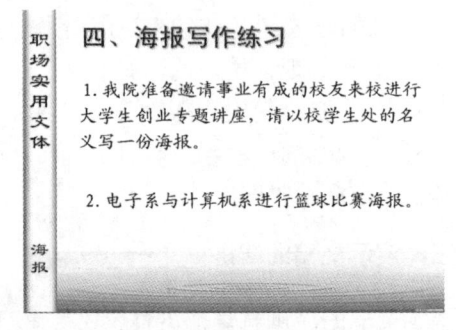

图4

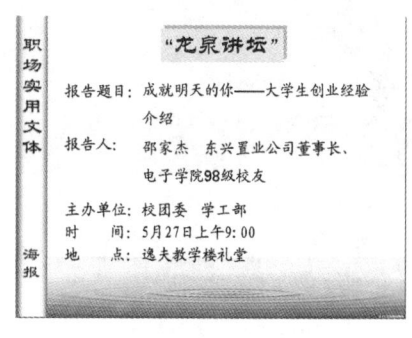

图 5

图 6

写作训练

1. 围绕某个社会热点问题，设计一份调查问卷。
2. 运用演示文稿展示调查成果。
3. 根据下列材料在学校进行调查，将调查的结果写成一篇调查报告。

《快乐大本营》与受众特点调查问卷

1. 您的性别。
    A. 男　　　　　　B. 女
2. 您的年龄。
    A. 25岁以下　　B. 25~35岁　　C. 36~45岁　　D. 45岁以上
3. 您的职业。
    A. 学生　　　　B. 老师　　　　C. 公司员工　　D. 其他
4. 您的教育程度。
    A. 小学　　　　B. 中学　　　　C. 大学　　　　D. 研究生以上
5. 您平常看《快乐大本营》吗？
    A. 不看　　　　B. 偶尔看　　　C. 经常看　　　D. 每期都看
6. 您平时收看《快乐大本营》的平台是什么？
    A. 湖南卫视　　B. 网络　　　　C. 其他
7. 您在什么情况下收看《快乐大本营》？
    A. 自愿看　　　B. 陪子女看　　C. 没有其他喜欢看的节目　D. 其他
8. 您认为《快乐大本营》吸引您的地方是什么？（可多选）
    A. 主持人　　　B. 嘉宾　　　　C. 快乐的气氛　　D. 其他
9. 您对《快乐大本营》的娱乐模式是否满意？
    A. 满意　　　　B. 一般　　　　C. 不满意　　　D. 无所谓
10. 对于一个优秀的娱乐节目您最看重的是什么？
    A. 气氛　　　　　　　　　　　B. 内容
    C. 主持与嘉宾的互动　　　　　D. 其他
11. 您认为《快乐大本营》与其他地方台相比有什么优势？（可多选）
    A. 主持团队　　　　　　　　　B. 大牌明星

        C. 优秀的品牌形象　　　　　　D. 舞台效果
12. 您认为《快乐大本营》获得成功的因素是什么？（可多选）
        A. 好的策划团队　　　　　　　B. 节目定位准确
        C. 主持人主持功底　　　　　　D. 其他
13. 您是否希望自己所在城市也有这样的娱乐节目？
        A. 希望　　　　B. 不希望　　　　C. 无所谓
    （资料来源：http://www.diaoyanbao.com）

情境迁移

情境一：学院准备对大一新生的学业困惑做一次调查，由于你们在《职场实用文体》课上学习过社会调查的有关知识，院领导决定把这项艰巨的任务交给你们班。

情境二：××公司，要求生产一线的部长（车间主任）采用 PPT 的方式按月（季度）汇报部门（车间）生产情况。

情境三：唯特文化创意公司准备进入济南长清、章丘大学城，为了解文化创意在校园里的关注度和经营方向，公司特派你制作相关的调查问卷，对两个大学城的在校大学生进行调查访谈，并在公司的市场拓展信息会上进行汇报。

情境四：立白洗衣液借助对湖南卫视《我是歌手》三季的赞助、冠名娱乐助销，成功地将立白"洗护合一"洗衣新标准注入人心，为品牌在高端市场发力做好布局。为调查立白洗衣液在济南市场的销售变化，公司特派你组织驻济高校大学生深入市内大型超市，针对消费者对立白洗衣液产品功能定位的了解度做一次市场调查。

知识拓展

市场预测报告

一、市场预测报告概述
（一）市场预测报告的概念

市场预测报告就是依据已掌握的有关市场的信息和资料，通过科学的方法进行分析研究，从而预测未来发展趋势的一种预见性报告。

（二）市场预测报告的作用

市场预测报告是在市场调查的基础上，综合调查的材料，用科学的方法估计和预测未来市场的趋势，从而为有关部门和企业提供信息，以改善经营管理，促使产销对路，提高经济效益。日本三菱公司的信条是："企业的成败在于经营，经营的关键就是预测"。对于企业、商家而言，市场预测是关系其生死存亡的大事，是增强竞争力的"必修课"。

市场预测报告实际上是调查报告的一种特殊形式。它也是应用写作研究的文体之一。

（三）市场预测报告的特点

1. 预见性

预见是对市场未来的发展趋势做出科学的判断。它是在深入分析市场既往历史和现状的基础上做出的合理判断，目的是将市场需求的不确定性极小化，使预测结果与未来的实际情况的偏差概率达到最小化。合理而正确的预见，是市场预测报告的本质特点。

2. 科学性

市场预测是在占据充分详实的资料的基础上,以科学的理论为指导,采用科学的预测方法,以周密的调查研究为基础,找出预测对象的客观运行规律,得出合乎实际的结论,从而有效地指导人们的实践。科学性是市场预测报告的有力保证。

3. 针对性

市场预测的内容十分广泛,每一次市场调查和预测,只能针对某一具体的经济活动或某一产品的发展前景,因此,市场预测报告的针对性很强。选定的预测对象愈明确,市场预测报告的现实指导意义就愈大。

4. 综合性

市场预测报告是各类材料分析综合的结果。作者必须掌握市场的现实情况、历史资料及常规情况、偶然情况等,从多角度分析综合,以保证结论的准确。

5. 时效性

市场预测的目的是预见未来,因此,对市场的预测及报告的完成应及时、迅速。否则,就会影响甚至丧失其价值。

（四）市场预测报告的分类

按不同的标准划分,有很多的种类：

（1）按市场预测范围分,可归纳为宏观预测报告、微观预测报告；

（2）按预测的时间分,可归纳为长期预测报告、中期预测报告、短期预测报告；

（3）按预测的方法分,可归纳为定量预测报告、定性预测报告。

二、市场预测报告的结构和内容

市场预测报告一般由标题、正文两部分组成。

（一）标题

1. 公文式标题

一般由预测时限+预测区域+预测对象+文种组成,如《2015 年中国汽车消费市场形势预测》《2015 年生猪市场预测及应对预案》。有的标题可能省略时限或区域。

2. 文章式标题

一般为双标题,主标题多点明预测报告的主题,副标题多点明预测对象和文种。如《互联网将成为未来经济原动力——美国经济学家对世界经济的预测》《春风又度玉门关——我国 A 股市场 2015 年趋势展望》。

（二）正文

市场预测报告的正文由前言、主体、结尾三部分组成。

1. 前言

这一部分要求以简明扼要的文字,说明预测的主旨,或概括介绍全文的主要内容,也可以将预测的结果先提到这个部分来写,以引起读者的注意。

2. 主体

市场预测报告主体部分,一般包括基本现状、分析预测、建议措施三个部分。

（1）基本现状。

预测的特点就是根据过去和现在预测未来。所以,写市场预测报告,首先要从收集到的材料中选择有代表性的资料、数据来说明经济活动的历史和现状,为进行预测分析提供依据,帮助人们理解、接受预测的结论。

（2）分析预测。

就是利用资料数据进行科学的定性分析和定量分析，从而对市场发展趋势做出预见，这是报告的核心部分。这部分应该在调查研究或科学实验取得资料数据的基础上，对材料进行认真研究分析，再经过判断推理，从中找出其发展变化的规律。

（3）建议措施。

为经营决策提供依据，这是预测报告写作的目的。这个部分必须根据预测分析的结果，提出切合实际的具体建议。

3. 结尾

结尾可归纳预测结论，提出展望，鼓舞人心，也可以照应前言或重申观点，以加深认识。

三、市场预测报告的写作要求

（1）要深入调查，广泛搜集信息，掌握数据资料。

（2）要研究、掌握科学的预测方法。

（3）提出的建议要切合实际，有针对性。

四、市场预测报告与市场调查报告的区别

市场调查表是市场预测的手段，也是市场预测的基础。没有深入的调查就难以做出准确的预测，二者是先后关系，相互依存。具体区别如下：

1. 写作对象不同

市场调查的对象是过去和现在已经存在的经济现象，侧重于调查，反馈市场信息；而市场预测报告则着眼于对市场的未来状况做分析，侧重于预测、揭示市场趋向。

2. 写作目的不同

市场调查在帮助企业进行市场预测时，偏重于市场过去和现状的了解，总结经验，发现问题，掌握市场营销状况及发展变化规律，它是以提高营销效益为目的，有计划地收集、整理和分析市场的信息资料，提出解决问题的方法和建议；市场预测偏重于了解市场的将来走向，以帮助企业预测商品供求的变化趋势，为经济决策提供依据，使企业赢得生产经营管理的主动权。

3. 写作方法不同

市场调查报告一般通过现场调查或抽样调查获取资料，而后加以分析整理，得出结论；而市场预测报告则主要根据统计资料，通过数学分析，以预测市场的未来走向。

项目五　校园新闻报道

情境导入

为弘扬乐观向上、积极进取的人生态度，配合"职场实用文体"课项目化学习实践，成立校园新闻采访小组，对优秀师生员工进行采访报道。

项目架构

1. 撰写一则校园新闻报道；
2. 访谈校园优秀师生员工，撰写一篇人物通讯。

重点难点

教学重点：消息、通讯的写作格式、写法要求。
教学难点：消息与通讯的区别；完成消息、通讯的撰写。

学习内容

本项目涉及的应用文体有：消息、通讯。

任务1　发布活动消息

一、消息概述

（一）消息的含义

消息即新闻。新闻这一概念有广义和狭义之分。广义的新闻一般是指报刊、广播、电视等大众传播媒介中常用的各种报道性体裁的总称，包括消息、通讯、新闻特写、调查报告、采访札记等；而狭义的新闻单指消息。

消息是用简洁明快的语言迅速及时地报道新近发生的事实的一种新闻体裁。在诸种新闻体裁中，消息的使用频率最高，它是新闻媒介传播信息进行舆论宣传的最基本最重要的形式。其他新闻报道体裁如通讯、新闻评论、新闻特写等，都是以消息为基础发展起来的，有着消息的一般特征，甚至可以说是消息的延伸、补充和深化。因此，掌握消息的特征就成为进行消息写作以及其他新闻文体写作的首要环节。

（二）消息的特征

消息是最基本的新闻体裁，必须具备新闻的四个基本特征：

1. 真实性

真实性指报道的事实必须是现实生活中已经发生或存在的真人真事，这是新闻的本源和生命。它包括以下几个要求：

（1）新闻的"六要素"要具体。即什么人、什么事、什么时候、什么地点、什么原因、什么结果。当然，并不是说每篇新闻都要六要素齐全，如一句话新闻、标题新闻则至少需要交待清楚两个要素——什么人、什么事。

（2）新闻的真实是完全的真实，不能凭空虚构、概括加工、合理想象，更不能弄虚作假、捏造事实，搞"客里空"。

（3）对新闻事实的解释评论要坚持辩证法，要抓住事物的本质和根源。

2. 时效性

对于现实生活中不断变化的新鲜活泼的事实，新闻界称之为"活鱼"，而新闻的"时效"就是要不断地捉"活鱼"，要尽可能报道"第一次"发生的、"第一个"出现的事物，要努力捕捉生活中的新情况、新经验、新问题。除了报道内容上的"新"，还有强烈的时效要求，如果时过境迁，不讲求时效，这"活鱼"就会变成"死鱼"，成为昨日黄花。

3. 公开性

公开性，也称传播性。事实只有报道出去才是新闻，若在组织内部传播则是情报或文件，若仅在街头巷尾议论则是传闻或谣言。雪山崩塌，无人知晓，也仅是自然界的奇观，如果危及人的生命而被报道出去则成为新闻。

4. 重要性

重要性，是指这些真实具体、及时新鲜的事实，必须是现实生活中有重要意义的事情，有关国计民生的重大问题。因为新闻价值的大小与新闻事实的重要程度有直接关系。选择重要新闻的标准有以下几点：

（1）注意新闻发生地和新闻人物的显著性。

（2）应是同类事件中最有影响、最具代表性的事情。

（3）除了人物和事实本身的意义外，还要考虑媒介的性质、任务、受众特点以及时间、空间的"接近性"因素。

真实性、时效性、公开性、重要性，不仅是消息也是所有新闻文体都必须具备的，缺一不可。即使是只有两个要素的"一句话新闻"也不例外。因此，我们也称这四性为新闻的"基本特征"，也就是人们通常说的"新闻性"。

（三）消息的种类

现实生活是丰富多彩的，作为迅速及时地反映现实生活的消息，其品种多种多样，我们可以从不同的角度进行分类。

（1）按照篇幅长短可分为：长消息、短消息、一句话新闻、标题新闻、图片新闻。

（2）按照报道内容可分为：工业新闻、农业新闻、政治新闻、军事新闻、经济新闻、文教新闻、科技新闻、外事新闻、社会新闻、体育新闻。

（3）按照新闻所反映的事件的不同性质可分为：事件性新闻和非事件性新闻。

国内比较通行的分类法是以写作特点来区分的：动态消息、简讯、综合消息、评述性消息、经验性消息、特写性消息、公告性消息、谈话记等。

西方新闻界还有所谓硬新闻、软新闻、纯新闻的分类法。

对于消息的分类，不必看得太绝对。新闻写作形式的不断发展变化决定了消息的类别不是固定不变的。

【例文】

韩国客轮已沉没，293 人失踪

【中新网 4 月 16 日电】韩国政府 16 日下午就一艘载 400 多人客轮当天在韩海域沉没一事再次召开新闻发布会，韩方官员在会上说，目前已有 164 人获救，293 人失踪。

【评析】

这是一则动态消息。动态消息的特点就是迅速、及时地报道正在发生或新近发生的事件、活动。时效性强，富有动态感。这类消息数量最多，一般篇幅不长，内容单一，文字简短。

【例文】

综合消息：一架德国客机坠毁法国 机上 150 人恐无人幸存

【新华网北京 3 月 24 日电】综合新华社驻外记者报道：一架从西班牙巴塞罗那飞往德国杜塞尔多夫的空客 A320 客机 24 日在法国南部普罗旺斯阿尔卑斯省山区坠毁，机上 144 名乘客和 6 名机组人员可能无人幸免于难。失事客机所属的航空公司表示，机上没有中国公民。目前事故原因不明，法国、德国和西班牙领导人对坠机事件深表关切。

据报道，这架 A320 客机属于德国之翼航空公司，已服役 24 年。德国之翼航空公司是总部设在科隆的低成本航空公司，是德国汉莎航空公司全额控股的子公司。

德国之翼航空公司负责人奥利弗·瓦格纳介绍说，这架 A320 客机当地时间 10 时 01 分从巴塞罗那起飞，10 时 53 分从法国监控的雷达上消失。机上 150 人中有两名婴儿，机上共有 67 名德国公民。据西班牙媒体报道，从乘客的姓氏判断，失事客机上有 45 名西班牙公民。

法国总统奥朗德当天表示，机上人员可能全部遇难。由于飞机坠毁地点较偏远，目前无法得知事故是否造成地面人员伤亡。

客机失事原因尚不清楚。德国媒体援引法国气象网站消息报道，飞机失事时天气状况良好，并未出现雷雨天气。

德国之翼航空公司总经理温克尔曼在新闻发布会上说，这架客机上次主要检修按计划于 2013 年夏天进行，机长已在汉莎集团和"德国之翼"公司服务 10 年，具有超过 6000 小时飞行经验。汉莎集团将同空客集团一起进行调查并处理后续事宜，双方人员将尽快找出事故原因。

法国内政部官员说，已在普罗旺斯阿尔卑斯省的巴尔瑟洛内特地区发现飞机残骸，但由于失事地点偏远，因此救援行动耗时将"非常长"且"极其困难"。法国负责交通运输事务的国务秘书阿兰·维达利说，坠机地点仍有积雪，车辆难以进入，只有直升机可以在坠机地点上空飞行。

德国政府发言人赛贝特说，总理默克尔已同法国总统奥朗德和西班牙首相拉霍伊通电话。德国政府官网声明说，默克尔将取消一切其他安排，关注事件后续动态。德国联邦空难调查机构已派相关专家前往现场，交通部长多布林德也已赶往事发地点。德国外交部和杜塞尔多夫机场已分别开通危机处理热线，乘客和机组人员家属可咨询最新信息。

因这起坠机事故，西班牙国王费利佩六世已中断正在对法国进行的访问。西班牙首相拉霍伊表示，他与德国总理默克尔已就"这一极为令人伤感的悲剧性事故"进行了通话。他已取消一切原定日程，即刻返回马德里处理此事。与此同时，西班牙政府已组成危机处理小组，将与法国、德国政府就这一事故展开联合调查。（记者：×× 、×× 、×× 、××）

【评析】

这是一则综合消息。综合消息是指围绕一个主题，报道具有全局性的事实、情况、动向，具有一定的概括性、指导性。综合消息涉及范围广，影响力强，它实际上是对许多动态消息的综合。

二、消息的结构与写法

消息的要素，先有"5W"说，即五要素：何时（When）、何地（Where）、何人（Who）、何事（What）、何故（Why），后来又多了一条要素，即如何（How）。一般情况下，消息要具备上述五要素或六要素。但随着消息向短小、多样、生动方向发展，一句话消息、标题消息、图文消息等新消息形式不断出现，消息五要素、六要素并非一定要在每一条消息中出现，只要能准确、及时地报道事实，缺个别要素并无大碍。

消息一般由标题、导语、主体、结尾四个部分组成。

（一）标题

消息标题的常见形式有多行标题、双行标题、单行标题。

1. 多行标题

多行标题，也称完全式标题，即三行以上的标题，一般称正题、引题和副题。字号最大的为正题，即最主要的题目，常用于概括消息中的最主要内容和思想；正题上面或前边是引题，也叫肩题，常用以交代背景、烘托气氛、揭示意义；正题下面或后边是副题，也称子题、辅题，常用以补充交代事实或问题，说明主题的来源和依据，或说明新闻中的事实或问题，补充主题的不足。

2. 双行标题

双行标题又称复式标题，是由肩题和正题或者是正题与副题分别搭配而成的一种消息标题。由于正题常以概括内容为主，因此又称为实题；而与之相配的肩题或副题常以阐明意义、渲染气氛、说明背景、补充印证为主，被称作虚题。

3. 单行标题

单行标题力求简洁明了地提炼出消息内容的精华，要求制作得鲜明、醒目、易记。

（二）导语

消息的第一段或开头的一两句话，用简练的文字将消息最重要、最新鲜的事实概括地反映出来，给读者以强烈的印象，并吸引读者读完全文，就是导语。导语的写法多种多样，要根据题材的情况灵活掌握，有的是概括介绍消息的主要内容，有的提出问题让读者思考，有的烘托气氛引人入胜，有的开门见山直陈其事。总之，要新颖、有创造性，切忌用公式化、概念化的空洞文字代替事实。

（三）主体

这部分具体地报道和说明消息的内容，可用不同的手法（如白描、叙述、议论等）具体写出事件的时间、地点、人物、经过和原因。所写的内容要充实，事实要典型，材料取舍要得当。具体的安排有两种方法：一种是按事件的发生、发展的先后顺序安排；一种是根据事物之间的联系或逻辑关系（如因果关系、并列关系、主从关系等）来安排。

（四）结尾

消息的结尾要写得简短有力，发人深思。有的结尾是对报道的内容作概括性的小结，从而使读者加深印象；有的结尾是对报道的事件的进一步发展做出估计和展望；有的提出问题令人思考；有的对人进行鼓动，发出号召。总之，要从实际出发，既要注意内容不要和导语、主体重复，又要与全篇融为一体，相得益彰。

三、消息的写作要求

1. 内容必须真实

消息的意义是对现实问题有一定的指导作用，所以消息的材料必须经过实地采访核实才能予以报道。

2. 报道必须及时

事实证明，在信息社会中，消息的发布时间将决定舆论的主动权，谁能最先获得第一手新闻资料并抢先报道出来，谁就会在新闻机构林立的社会中占有优势。

3. 语言必须简洁精炼

消息的篇幅尽可能短，但内容不能少，所以消息的写作一定要语言简洁，这也为读者在短时间内阅读更多的信息提供可能性。

【例文】

先培训，后就业；先培训，后上岗
劳动预备制提高职业素质
滨州四年培训新生劳动力 1.6 万人，培训就业率逾九成

本报讯 一项旨在缓解就业压力、提高劳动者素质的劳动预备制度，在山东省滨州市推行 4 年来，取得了显著成绩：累计培训新生劳动力 1.6 万人，培训就业率达 93.4%。日前，人力资源和社会保障部将滨州市的这一做法制成光盘，向全国各地推广。

滨州市于 2009 年开始实施劳动预备制度，市政府明确规定：用人单位不得直接招收未经培训或培训不合格的初、高中毕业生；对国家规定的 12 个实行就业准入控制的职业（工种），凭职业学校毕业证书或就业培训结业证书、职业资格证书办理有关就业手续。为此，该市劳动和社会保障部门、教育主管部门联合确认了 13 家技校、职中为全市劳动预备制度培训基地，并降低入学门槛，让更多的劳动者实现"先培训，后就业；先培训，后上岗"。

国家规定实施劳动预备制度的主要对象是城镇未能升学的初、高中毕业生。滨州市针对农村劳动力向非农产业转移速度较快的实际情况，从 2011 年开始把劳动预备制度向农村延伸，对进城务工和向非农业转移（包括跨地区转移）的农村新生劳动力实施职业技能培训，截至 2014 年，其间三年来累计培训 4943 人。

滨州市自推行劳动预备制度以来，形成了培训与就业良性互动的格局。如市农机学校和技工学校培训的车、钳、磨、铣工，因理论功底深、动手能力强，赢得了用人单位的信赖，去年和今年两届毕业生的就业率达到 100%。

（资料来源：2014 年 12 月 8 日《山东工人报》）

【评析】

这是一则较典型的经验消息。全文的几个组成部分处处紧扣介绍经验这一中心：由引题、主题、副题三部分组成的标题起到了纲举目张的作用，引题介绍主要措施，正题点明主旨，副题显示成效；导语概述经验的主要内容；主体部分交待背景材料，接着高度概括了"实施劳动预备制度,提高劳动者职业素质"的具体做法;结尾举例说明取得的成效。全文选材点面结合,组材详略得当,语言简洁、朴实。

【病文诊断】

漫天要价不禁不止邮电工商联合行动

还公用电话收费价格一个清白

【人民网北京 4 月 4 日电】承德是个旅游城,近几年随着旅游的发展、经济的繁荣和流动人口的增加,市区公用电话业务有了较快的增长,目前,全市已有公用电话代办户 325 户。公用电话的增加大大方便了人们的工作和生活,但也随之出现了一些问题。一部分代办户为谋取利润,不执行收费标准,漫天要价,专门"宰人"。前不久,市邮电局接到举报,沈阳市的一位干部来承德出差,在火车站附近使用公用电话往沈阳家中打电话,打了 3 分钟,被收了 16 元,超标准多收 12.5 元。像这样的事在市区其他公用电话代办点也时有发生。

不但长途话费群众反映强烈,市话的收费也是如此。不少代办户根本不依据邮电部门制订的价目表收费,有的甚至自制了价目表,乱收费现象十分严重。

8 月初,为杜绝公用电话乱收费的发生,市邮电局与工商局联合召开了公用电话代办户会议,要求各代办点明码标价、合理收费,然而有些代办户仍我行我素。为彻底整顿公用电话收费价格,8 月 28 日到 9 月 6 日,承德市邮电局和工商局对市内主要地段的各公用电话代办点进行了检查。检查人员前后查了 115 个代办户。结果发现有 93 户市话价格偏高,大部分是一次收费 0.5 元,超标 0.2 元,有的收费 1.5 元。长途收费方面,有 73 户超过标准,另有两户收费价格时高时低。40 余个设在车站、旅游点的公用电话个个收费超过标准。检查组对情节较严重的 20 余户分别罚款 1000 ~ 4000 元,有 5 户违章严重的被停机整顿。至此,承德市公用电话乱收费现象得到了有效的抑制。

【评析】

这里只提供几条修改提示,以帮助大家发现问题:

(1)标题中是否应点明地点要素?

(2)导语是否明确?

(3)主体部分详略是否得当?

(4)结尾部分语言是否简洁?

任务 2　采编人物通讯

一、通讯概述

(一)通讯的含义

通讯有时也称为通讯报道,是报纸、广播等新闻媒体的一种主要文体,它是一种运用多种表达方式,具体、生动、及时地报道具有新闻意义的人物、事件和情况的新闻文体。通讯是由消息发展而来的,可以说是消息内容的扩充。

(二)通讯的分类

通讯一般可分为四大类,即人物通讯、事件通讯、工作通讯和概貌通讯。

1. 人物通讯

人物通讯就是以报道新闻人物事迹和形象为主的通讯。通过报道人物的思想言行和事迹，揭示他们的精神境界，达到教育群众的目的。

人物通讯可以写人物的一生，也可以写人物的生活片断。

2. 事件通讯

事件通讯是以记事为主，报道现实生活中带有倾向性和典型性的事件发生、发展过程的通讯。

事件通讯可以完整地、深入地报道一件新闻事件的发生、发展和结果，也可以突出描写其中的某一个片断或侧面。

3. 工作通讯

工作通讯是报道先进工作经验、某项工作成就的通讯，通过对工作的典型剖析，概括出具有规律性的东西。

4. 概貌通讯

概貌通讯也叫风貌通讯，它主要是报道某一地区或单位的自然风貌、风土人情、发展变化、生活状况或进行某一活动的基本面貌。

上述分类只是从通讯内容来划分的，而很多通讯在写法上常常是互相交融的。

（三）**通讯的特点**

1. 新闻性

通讯是一种新闻文体，消息所要求的真实、及时等新闻基本原则，对通讯同样具有约束力。

2. 评论性

对新闻事实进行议论、评价，在夹叙夹议中表明作者的倾向、态度。

3. 生动性

运用文学创作的手法，展开情节，描写人物，勾画场景，为读者提供一个个真实而鲜明的形象。

（四）**消息与通讯的区别**

1. 在内容上，消息简略单纯，通讯详细丰富

从内容方面看，消息大多是一事一报，而且只报道新闻事件的大致情况，如果有细节也是非常少的。而通讯报道则可以是一人一事，也可以涉及众多的人物和事件。同时，通讯十分重视细节的刻画，在一篇通讯中往往有大量的细节。

2. 在形式上，消息程式性强，通讯创造性强

形式，一般是指文章的结构、语言和表达方式。

从结构上看，消息是一种程式化的文体，有常用的模式。消息写作，很大程度上是按着固定的模式进行操作，创造性只体现在一些局部的地方。通讯则不然，它的写作跟一般的记叙文相似，没有固定的格式，每一篇都有自己独特的结构形式。

3. 在语言和表达方式上，消息都有一定的程式性

在表达方式上，消息主要用叙述，别的表达方式很少。在语言上，消息运用词语的直接含义，显得简洁朴素，循规蹈矩。而通讯表达方式丰富多样，语言常有新颖独特的创造性运用，显得流光溢彩、摇曳多姿。

4. 在写作技巧上，消息手法简单，通讯手法多样

这里所说的写作技巧，含义较广，包括虚实相衬、对比烘托、铺垫弄引、设置悬念、欲擒故纵、欲露先藏、欲扬先抑等多种表现手法，也包括比喻、对偶、排比、夸张等多种修辞手法。这些手法，消息也是要运用的。但是，由于消息简洁朴实的文体本性所限制，消息对这些手法只在合适时偶尔一用。通讯则不然，为了加强作品的感染力和生动性，它常常使用以上多种写作技巧。比如通讯《领导干部的楷模——孔繁森》就有如下一段描写：

……孔繁森离开拉萨两天后，进入阿里地区措勤县境。藏北大草原那雄浑、壮美的景色展现在他面前：远方，绵延起伏的雪山在蓝天的映衬下格外壮丽，广袤无垠的草原一直伸展到遥远的天际。近旁，一座座用石块垒成的玛尼堆披挂着祈祷吉祥的五彩经幡，一堆堆高寒地带特有的红柳丛在阳光下像火一样耀眼。天空，时而白云朵朵，时而乌云密布；原野，时而大雪纷飞，时而风沙弥漫……

这段文字中有虚实、有对比、有比喻、有对偶、有夸张……作者运用这些手法，使新闻也具有艺术的品性。

5. 在风格上，消息朴实，通讯富有文采

手法的不同自然会造成风格的不同。消息一般没有文学性，朴素实用。通讯则有比较强的文学性，生动活泼而富有文采。在一期报纸上，两种文体相互映衬和补充，使新闻媒体更加完美。

6. 在时效上，通讯不如消息迅速及时

虽然有消息、通讯同时发表的情况，但一般来说，通讯的时效性是赶不上消息的，因为消息内容简略，篇幅短小，采访快，写稿快。有时事发几分钟，甚至不到一分钟，媒体就开始进行消息报道。而通讯有大量的细节，篇幅一般比较长，采访需要比较详细，写稿时间也要长一些。

二、通讯的结构与内容

通讯主要由标题、正文两个部分构成。

（一）标题

通讯的标题一般分为两种形式：双标题和单标题。双标题包括主标题和副标题，单标题则只有一个正标题。

（二）正文

正文包括导语、主体和结语。

1. 导语

通讯的导语是用来引出对主体内容的报道，可以采用叙述式、提问式、评论式、描写式和引用式，这与消息的导语写法相同；此外，通讯还可以采用抒情式的写作方法，具体描述一个感人的场景或事件，让读者在情绪的渲染中进入阅读的过程。

2. 主体

主体部分是通讯的主要内容，用于对典型事件或人物事迹进行展开报道。通讯的主体主要选取以下几个方面进行报道：表现主题、弘扬先进、总结经验和引导工作。

3. 结语

通讯的结语可以灵活多样，既可以抒情、叙述、描写，又可以发表议论，还可以对事情

发展的线索作简要的交代。

三、通讯的写作要求

（一）通讯写作指导

1. 人物通讯

人物通讯是一种真实、及时地报道特定人物的事迹并深刻地揭示其精神境界的通讯。它真实地再现了生动具体的、能激发读者思想感情的人物形象。

人物通讯报道的对象有两类。一类是写先进个人和集体的，这类通讯是以报道代表时代发展方向的英雄模范人物、社会主义新人的先进事迹与成长过程为主的通讯，在新闻作品中占有相当重要的位置。另一类是报道转变中的人物和有争议的人物，这类报道开阔了人物通讯报道的路子。

2. 事件通讯

报道具有典型意义的事件。事件通讯以记事为主，一般有一个中心事件，其他的人和事都是围绕着这件事展开的，要具体地写出事件的发生、发展和结果，交代事情的来龙去脉，介绍具体情况，指出它的典型意义，体现时代精神。在选材时就要注意选择事件的典型性，注意它是否能够体现出时代的风貌。在具体写法上，可以按照事件的发展顺序来写，也可以按照不同方面来写。

还有的事件通讯是揭露现实中存在的问题和矛盾的，也就是人们所说的"报忧"。这类通讯更要注意事件的准确性，要注意掌握分寸，积极促使矛盾转化和问题解决。

3. 工作通讯

着重反映实际工作中的经验或教训。它有较强的针对性和指导性，往往和各级领导部门的工作有直接关系和影响。它从现实工作中考察路线、方针和政策的执行情况与问题，指导与推动实际工作。因此选材要注意能抓住当前工作中普遍存在的、重要的、关键性的问题，这样才能起到指导作用。写作中要注意用事实说话，写得生动、具体，读后才会使人产生深刻印象。工作通讯还要注意时效性，应在大家正在关心、需要的时候写出，这样才能起到应有的作用。

4. 风貌通讯

风貌通讯是着重描绘社会变化、时代风尚及风土人情的通讯体裁。它一般是反映新貌，抓住特色，点面结合，开阔读者视野，增长读者知识，给人以美感和现场感。大多数的风貌通讯对风情状况作轮廓式的反映，因此人们又将风貌通讯称为概貌通讯。报刊上常见的"见闻""巡礼""侧记""纪行""掠影""拾零"等，都属于风貌通讯。

（二）通讯写作注意事项

1. 选材

通讯是对一个主题的事件或一个人物的事迹进行报道，所以必须从众多的材料中选取对表现主题有用而且是具有典型意义的材料，才能起到相应的宣传作用。

2. 组织材料

在选定材料之后，还应对其进行适当的安排，发挥最佳的组合效益。一般按照三种顺序进行材料组织：事件发展的时间顺序；逻辑顺序；时间与逻辑顺序相结合。

3. 结语

通讯的结语可以灵活多样，既可以抒情、叙述、描写，又可以发表议论，还可以对事件发展的线索作简要交代。

【例文】

严师·慈父·名医
——记保靖县人民教师×××

【保靖县教育信息网 2012 年 5 月 7 日电】提到保靖县××中学人民教师×××，熟悉他的人都称赞他：是名医、似慈父、更是严师！1990 年，×××接过教鞭，在××中学的三尺讲台上一站就是 20 年。现在的他已由血气方刚的毛头小伙变成了鬓角染霜的"小老头"，可他痴心不改，无怨无悔。说他是名医，不是因为他有多高超的医术，而是因为他一直坚持义务为学生和身边人治疗疾病——保靖县属国家级贫困县，人均年收入还不足 5000 元，缺医少药是常事。

刚当上教师时，因看到学生们因营养不良，经常生病，×××便买来一些医学书籍，在认真教学的同时挑灯自学，掌握了推拿术，并学会了用中草药治疗简单的疾病。为备足常用药品，他经常利用自己微薄的工资在外出开会时尽可能多买些西药，还常常在星期天和节假日到山里摘中草药。

×××爱生如子。有一次，一向成绩优良的××同学连续几天没到校上课。×××老师在得知其父病故后，家庭陷入困境无力负担学费时，当即决定免去××的学费，并为他提供课本和学习用品，使即将失学的××重返校园。像这样的事情还有很多，可×××老师从不向人提及。

×××抓校风、学风十分严格。有人对坚持升国旗不理解，而他认为"通过升国旗可激发学生的爱国热情"；有人认为学生搞义务劳动是"不务正业"，而他说这是培养"集体主义精神和爱劳动的习惯"；学生的红领巾没戴好，他帮助纠正，甚至脸未洗干净他也帮助洗净。

同事们还说×××老师是真正的"以校为家"。学校教学条件差，没有教具，所用的直尺、三角板、圆规、量角器及体育器材都是他亲手制作的；课桌、板凳、门窗坏了，他亲手修补；房上的瓦片被大风揭了，他亲自上房检修。他说这样可以节约点钱，多资助几个失学儿童。

自 1998 年以来，他所教班级的成绩在全县的会考中总是名列前茅，其中 2004 年毕业的 40 人中就有 20 人升入重点高中学习。突出的成绩使×××老师多次被县、市评为先进教师，并于 2010 年 9 月获得中国青少年发展基金会"希望工程"园丁奖，2011 年夏天又光荣地出席了全省教师"夏令营"活动。

【评析】

本通讯属于人物通讯，其标题灵活而富有诗意，内容主要对人物作了 4 个方面的典型归纳，总结了人物的先进事迹和经验，最后得出结论。本通讯是一篇合格的人物通讯。

【病文诊断 1】

5 月 12 日上午，安徽淮北涡北矿运输区钉道二班发扬煤矿工人特别能战斗的精神，经过 3 小时的连续奋战，提前 1 个半小时拿下了地面排矸系统轨道花道改造工程。素有"铁轨标杆班"的钉道二班职工，按照工作规范化、行动军事化、质量标准化的要求自我加压，用辛劳和汗水换来了道线质量水平的提高和矿井的安全运输，多次被矿、集团公司评为"优秀学习型班组""红旗班组"。

【评析】

新闻背景与新闻事实脱节。

新闻背景使用不恰当。这篇稿件前面说出新闻事实后，接下来，后面应该说明接地面排矸系统轨道花道改造工程的背景和特点，借以说明该工程的难度，从而证明烘托二班拿下这个工程的不容易和不简单。而后面用介绍班组概况当背景，明显是与前面的具体事件脱节。前后不是一回事，就是这篇报道的败笔。

【病文诊断2】

【中国煤炭网2009年5月13日电】"自然灾害依靠人力有时难以预测和抵挡，但通过精细化管理来预防生产事故的发生，却是完全可能的……"在山东肥城矿业集团白庄电厂日前开展的"大战红五月"活动中，精细化管理让该厂员工尝到了甜头。他们牢记"5.12"汶川大地震事故教训，结合自身实际，创出一套"隐患排查精细、参数调整精确、指令下达精准、操作效果精益"的"四精"管理法，并分部门、划专业精心实施。截至目前，该厂没有一起人身事故和机械事故发生，实现了安全生产。

【评析】

强拉硬扯事件背景。

"5.12"汶川大地震是天灾，精细化管理了，天灾就能被管理吗？这里写要职工们牢记"5.12"汶川大地震的事故教训，似乎有点强拉硬配。与其"天边"找教训，不如吸取身边事故的教训有用。

写作训练

1. 假设你是学校校园记者，采集新近开展工作、举行活动的信息并撰写一则消息，向《学生月报》等刊物或校园广播站投稿。

2. 请你采访、调查一位所在系部的优秀学生干部或辅导员，根据其事迹，围绕一个中心，选择几个不同侧面的材料，撰写一篇人物通讯。

3. 认真阅读下面这篇消息，找出文中的主要新闻事实和背景部分，并为该文拟写一个双行标题。

【本报讯】雇用网络公关公司恶意损害竞争对手声誉、制造炒作不良信息敲诈勒索相关单位、炒作恶俗"网络红人"谋取利益……在日益兴起的网络公关行为中，一个个"网络推手"逐渐染黑。日前北京市9家网络媒体联手呼吁，共同抵制非法和有违社会道德的网络公关行为，斩断"网络黑手"。

据统计，我国正规的网络公关公司约有1200余家，从业人数约50多万人，"网络水军"更是无法计算。当前网络公关领域最突出、最严重的问题是无序和混乱，这些"网络推手"利用网络的开放性、匿名性，有计划有组织地策划议题、虚构事实、左右舆论以达到牟利的目的，其特殊的地下运营方式和强大的话题炒作能力以及日益组织化、专业化和规模化的发展趋势，给社会经济活动、舆论导向乃至国家安全都带来了不容忽视的负面影响。

在日前北京网络新闻信息评议会举行的"维护网络文明，规范网络公关"评议会上，千龙、新浪、搜狐、网易、凤凰、TOM等9家网站呼吁相关部门依法加强对网络公关行为的监督，严厉打击非法网络公关行为。

（资料来源：2010年11月6日《北京晚报》）

情境迁移

情境一：我院校园通讯社要求学生针对2015年4月26日至27日举办的"山东××技

学院第八届春季运动会"撰写一篇消息。

情境二：张军同学，系山东××技术学院2010级学生。在校期间，凭借其优异的学习成绩、突出的综合素质以及高尚的道德品质被评为"山东省优秀毕业生"。请以此为依据，撰写一篇校园人物通讯。

情境三：2014年12月26日，中兴通讯股份有限公司××中心副总经理姜××、××中心商务部部长张××等一行到访山东××技术学院，与学院院长张××等负责人就学院与中兴公司"××部——中兴通讯ICT行业创新基地"合作项目进行了深度洽谈。你作为学院校企合作办公室的工作人员，需要就此次洽谈撰写一篇通讯发校报刊登。

知识拓展

新闻特写

一、新闻特写概述

（一）新闻特写的概念

新闻特写，就是用特写的手法来反映新闻事件。它以描写为主要手段，摄取新闻事实中最富有特征和表现力的"片断""截面"或细节，通过多种具有强烈视觉及情感效果的刻画，使其产生立体感，从而更集中、突出地表现新闻事实和主题。

（二）新闻特写的特点

新闻特写是从消息和通讯之间衍生出来的一种新闻报道形式。作为一种独立的新闻体裁，既有通讯、报告文学等体裁的特色，又有着它独自的特点。

1. 镜头感

运用摄影或电影中特写镜头的表现方法，对所截取的新闻事实进行巧妙地"截取"和适当的"放大"，使作品具有较强的镜头感。

2. 立体感

所谓的立体感，就是使"镜头化"新闻事实能给读者以更强的立体感和感染力。

3. 现场感

这是新闻特写的一种较为突出的特点。通过新闻记者在现场采访、取材，将记者的现场目击和感受结合在一起，给读者更强烈的视觉冲击与感受。

4. 特定性

这是特写在取材方面体现出来的特点。特写的"特"，主要表现在强烈的瞬间性和现场感上。

（三）新闻特写的分类

新闻特写按不同的标准，有不同的种类。

按照新闻特写的题材、写作方法，可分为人物特写、事件特写、工作特写、场面特写、景物特写、旅游特写等。

从新闻特写所体现的新闻价值着眼，可分为新闻性特写、趣味性特写、实用性特写等几类。

二、新闻特写的写作方法与技巧

在采写新闻特写时，不妨从以下几个方面着手。

（一）选取重大题材，提炼深刻主题

新闻特写的题材选取对提升作品的新闻价值有着十分重要的意义。丹尼尔·威廉斯在他的《特写写作技巧》一书中说："只要你稍稍具有一点想象力，你就会发现，寻找特写题材是易如反掌的事。睁大眼睛，观察你周围的生活，你会发现有许许多多的题目可写，你一辈子也写不完。"

如何发现新闻题材并进行科学的选取呢？哪些题材适合写特写？在此提供美国学者朱利安·哈瑞斯关于新闻选材的建议：

（1）不平常的情况。如奇怪的事、反常现象、巧合、特殊人物等。

（2）平常的事情。众人熟悉的人物、场所、事情；里程碑性的历史事件、纪念日。

（3）带有戏剧性的情景。如突然变富的暴发户、大笔奖金的获得者、被遗弃的婴儿、英勇抢险行为或震撼人心的险情等。

新闻特写的选材一定要围绕主题去精选，在诸多的题材中选取一些典型、有意义、集中、生动的截面素材，进行提炼，升华主题，追求新闻作品的新闻价值最大化。

（二）抓准"镜头"，局部"放大"，以小见大

新闻特写的写作，要求作者抓准"镜头"，进行聚焦，局部适当"放大"，达到以小见大的效果；要善于截取新闻事实的一个片段、剖面，选取有重大新闻价值、新鲜、新奇的新闻事实，以期使新闻特写立起来。比如：1997 年香港回归之夜，北京天安门广场数十万群众举行通宵庆祝活动。新华社记者采写了新闻特写《激情十秒》（见新华社 1997 年 7 月 1 日电）。在这篇特写中，作者截取了香港回归这个重大新闻事件过程中的最后 10 秒这样一个"镜头"，通过现实与历史、北京与香港的描写及局部"放大"，突出了香港回归、百年巨变的伟大意义和重要性，达到了以小见大、新奇制胜的效果。

（三）细节动人，描绘得当，生动形象

新闻特写中，不但要有精彩、细腻的细节，还要善于运用描写手法，即恰当用白描、细描的手法表现事件或刻画人物。

细节，是指叙事作品中描绘人物性格、事实场景、自然环境、展开情节等的最小组成单位，是通讯、特写、报告文学等新闻作品表现主题的重要手段。美联社著名记者休·马利根曾说："把大量的细节加以巧妙的运用，就可以写出可读的新闻。生动的细节可以使纸面上的文章留在人的心灵上，渗透到人们的情感中。"新闻中一些精彩的细节能在细微之处见精神，再现新闻事实场景，深化主题，打动读者。

新闻特写是一种描绘性现场新闻，在表达方式上特别注重描写，用白描、细描的手法表现事件或刻画人物。特写中的描写用得比较多。描写可分为直接描写、间接描写，工笔、白描，主观性描写、客观性描写等多种手法。工笔就是细描，是精雕细刻的写法。用于刻画人物、描绘景物。不管是工笔还是白描，都是在用文字作画，都要以表现栩栩如生的形象为目的。需要作者有较高描写手法的水平，善于将白描、细描并用于文中，二者运用要浓淡相宜，笔墨适当。一般用白描，即以朴实的文字，简单的几笔，就能鲜明地勾勒所要报道的人物形象。新闻特写生动反映出现场的情景和气氛，不能靠堆砌形容词来表现，而应该通过对人物活动的描述来实现。把生动的细节描述好，就会使特写显得有声有色，给人以身临其境的感觉。描写手法运用掌握好了，可使新闻特写文情并茂，如入画中，极富感情色彩，从而使人深受感染。

【例文】

牡丹十里香菏泽

谷雨三朝观牡丹。有幸在"牡丹之乡"遇上这么好的赏花时节，我们自是欣喜不已。次日一早，雾气尚未散尽，晨露沾衣欲湿，我们即兴前往菏泽最大的牡丹园——曹州牡丹园。入园望去，一畦畦疏离掩映的花圃，连阡接陌，花繁叶茂；五颜六色的牡丹被夜露洗去轻尘，飞红滴翠显得容姿一新；"玉版白"，玉洁冰清；"冠世墨玉"，黑紫如缎；"掌花案"，骨朵似火，几欲灼人；"酒醉杨妃"，低头掩面，娇柔妩媚；"粉二乔"，粉紫同株，宛若双娇。最为称奇的是"娇容三变"，一位正在田间修剪花枝的花农向我们介绍说，这种花初开碧绿，盛开粉红，将谢素白。

（资料来源：《人民日报》）

【评析】

《人民日报》记者在《牡丹十里香菏泽》的旅游特写中，运用大量的描写性笔墨。这些绘声绘色的描写，读来如临其境、如见其人、如闻其声。

（四）抓住高潮，落笔集中，写出动感

新闻特写短小精悍的篇幅及迅速再现现场等文体特性，要求写作者抓住反映事件特征和高潮的片断集中铺陈，推动读者的视觉、感觉、联想向前发展，对高潮和关键部分写深写透，写出动感、立体感，并在高潮中戛然收笔，使人回味无穷。

【例文】

别了，不列颠尼亚

在香港飘扬了150多年的英国米字旗最后一次在这里降落后，接载查尔斯王子和离任总督彭定康回国的英国皇家游轮"不列颠尼亚"号驶离维多利亚港湾——这是英国撤离香港的最后时刻。

英国的告别仪式是30日下午在港岛半山上的港督府拉开序幕的。在濛濛细雨中，末任港督告别了这个曾居住过25任港督的庭院。

四时三十分，面色凝重的彭定康注视着港督旗帜在"日落余音"的号角声中降下旗杆。根据传统，每一位港督离任时，都举行降旗仪式。但这一次不同：永远都不会有另一面港督旗帜从这里升起。四时四十分，代表英国女皇统治了香港五年的彭定康登上带有皇家标记的黑色"劳斯莱斯"，最后一次离开了港督府。

掩映在绿树丛中的港督府于1885年建成，在以后的近一个半世纪中，包括彭定康在内的许多港督曾对其进行大规模改建、扩建和装修。随着末代港督的离去，这座古典风格的白色建筑成为历史陈迹。

晚六时十五分，象征英国管制结束的告别仪式在距离驻港英军总部不远的添马舰东面举行。停泊在港湾的皇家游轮"不列颠尼亚"号和临近大厦上悬挂的巨幅紫荆花图案，恰好构成这个"日落仪式"的背景。

此时，雨越下越大。查尔斯王子在雨中宣读英国女王赠言说，"英国国旗就要降下，中国国旗将飘扬在香港上空。150多年的英国管制即将结束。"

七时四十五分，广场上灯光渐暗，开始了当天港岛上的第二次降旗仪式。156年前，是一

个叫爱德华·贝尔彻的英国舰长带领士兵占领了港岛,在这里升起了英国国旗;今天,另一名英国海军士兵在"威尔士亲王"军营旁的这个地方降下了米字旗。

当然,最为世人瞩目的是子夜时分,中英香港交接仪式上的易帜。在1997年6月30日的最后一分钟,米字旗在香港最后一次降下,英国对香港长达一个半世纪的殖民统治宣告终结。

在新的一天来临的第一分钟,五星红旗伴着《义勇军进行曲》冉冉升起,中国从此恢复对香港行使主权。与此同时,五星红旗在英军添马舰营区升起。两分钟前,"威尔士亲王"军营移交给中国人民解放军,解放军开始接管香港防务。

零点四十分,刚刚参加了交接仪式的查尔斯王子和第28任港督彭定康登上"不列颠尼亚"号的甲板。在英国军舰"漆咸号"及悬挂中国国旗和香港特别行政区区旗的香港水警汽艇护卫下,将于1997年年底退役的"不列颠尼亚"号很快消失在南海的夜幕中。

从1841年1月26日英国远征军第一次将米字旗插上港岛,至1997年7月1日五星红旗在香港升起,一共过去了156年5个月零4天,大英帝国从海上来,又从海上去。

【评析】

1997年7月1日,对香港回归这一重大的历史事件,新华社1997年7月1日发播了电讯稿《别了,不列颠尼亚》。这篇新闻特写的作者把"镜头"对准了英国的米字国旗和英国皇家游艇"不列颠尼亚号"这两个标志英国统治的景物,抓住在雨中降旗仪式的特写镜头,紧紧抓住英国最后撤离香港的几个主要告别仪式这样几个高潮,一个接一个层层推开描写,运用背景材料衬托与渲染,将新闻事实不断推向高潮。

(五)寓情于景,情景交融,感染读者

特写是一种描述性的新闻。作者不仅要用描写,而且要善于描绘新闻事实现场周围的各种不同的意境和人物复杂、丰富的感情,进而把描写、抒情、写景有机结合起来,借景抒情,情景交融,表情达意,创造有景有意的新闻现场,把读者带到现场,使读者产生强烈的共鸣。

情感是文字的生命。采写特写要善于将作者的情感融入到所报道的人、事、景、物中,达到以情纬文,增强作品的感染力。比如,被《人民日报》评为1994年好新闻的特写《尼克松告别人生》,这篇作品运用多种手段,写得有情有景,富有浓郁的亲情和人情味道。它既报道了风云人物尼克松突然逝世的新闻,又写了尼克松生前对妻子的感情,以及他的女儿、政界名人及家乡人民对他的悼念之情,营造了一个亲切、庄重的新闻意境,增强了作品的感染力。

三、新闻特写与消息、通讯的区别

消息是最基本的新闻文体,一般报纸上写的报道某一事件的都用消息文体,消息分为消息头、导语、主体和结尾,而且消息的标题有主标题、副标题和引题。

通讯,是运用叙述、描写、抒情、议论等多种手法,具体、生动、形象地反映新闻事件或典型人物的一种新闻报道形式。它是记叙文的一种,是报纸、广播电台、通讯社常用的文体。

新闻特写是区别于消息与通讯的一种体裁。它摄取新闻事实中最富有特征表现力的片断,通过多种表现手法作具有强烈视觉及情感效果的着力刻画,使其产生立体感,从而更集中、突出地表现新闻事实和主题。

项目六　网店模拟运营

情境导入

2014 年，中国网络购物市场交易规模达到 2.8 万亿，增长 48.7%，仍然维持在较高的增长水平。根据国家统计局 2014 年全年社会消费品零售总额数据，2014 年，网络购物交易额大致相当于社会消费品零售总额的 10.7%，年度线上渗透率首次突破 10%。

（资料来源：www.chinabgao.com）

电子商务发展势头迅猛，网络消费快速增长。毕业后，你和朋友一起开了一家网店，但在运营过程中遇到一些具体的问题。

项目架构

1. 讨论网店开设相关事宜；
2. 为网店销售的某一商品撰写一份说明书；
3. 为店铺或某一商品撰写一则创意广告语；
4. 制定一份合同模版；
5. 就某个时间点为自己的网店做一个促销策划案。

重点难点

重点：掌握说明书、广告、合同和营销策划案的格式。
难点：营销策划案、合同的写作。

学习内容

在本模块中涉及到的应用文种有：说明书、广告、合同和营销策划案。

任务 1　撰写说明书

一、产品说明书概念

产品说明书是一种以说明为主要表达方式，概括介绍产品功用、性能、特征、使用保养与维修等知识的文书。也称为商品说明书。

科学规范的说明书，不仅有很强的实用性和科学性，能够指导消费者正确地了解和使用产品；也表现出制造商对社会的负责态度，是他们树立企业形象、推销产品的有效工具。

二、产品说明书的结构与内容

说明书有两种格式：条款式和短文式。条款式说明书具有醒目、突出、条理清楚的优点；

短文式说明书具有简明、连贯、完整的优点。说明书一般由标题、正文和落款三部分组成。

1. 标题

标题由产品名称+文种构成，如"电热桶使用说明书"。也有的只写产品名称，如"清凉油"。医药用品还注明有关领导机关的批准文号，表示药品的可靠性。

2. 正文

正文是产品说明书的主体部分。要求详细说明产品的有关内容，一般包括以下几个项目：

（1）产品的功能和特点；

（2）产品的原料组成；

（3）产品的规格和指标；

（4）产品的使用方法和注意事项；

（5）产品的维修和保养。

往往按人们认识事物的先后顺序，或者事物特征的内在联系来安排其结构内容。

3. 落款

落款写在正文之下右侧方，内容包括生产企业的名称、地址、电话、传真、联系人、邮编、网址、批准文号、质量标准、保质期等。也有的将批准文号、质量标准、保质期等内容在正文中单独列出。

三、产品说明书的写作要求

1. 突出实用性

撰写产品说明书必须为用户着想，需要客观、真实、详尽地介绍产品的特点、性能、用途、使用维修方法等，以便用户安全、便捷地使用产品。

2. 讲究科学性

说明书的内容一定要有科学根据，在介绍产品的性能、构造、用途和使用方法时，都应做到客观、准确。数据引用、文字表达也要准确无误。

产品说明书不同于广告，广告往往在语言上有点夸张，而产品说明书在语言表达上要遵循其科学性的特点，应该用准确的文字表达真实的内容。

【例文】

《地奥心血康胶囊》说明书

【药品名称】

通用名称：地奥心血康胶囊

商品名称：地奥心血康胶囊

拼音全码：DiAoXinXueKangJiaoNang

【主要成份】甾体总皂苷。

【性　状】本品为硬胶囊，内容物为浅黄色或浅棕黄色的粉末；味微苦。

【适应症/功能主治】活血化瘀，行气止痛，扩张冠脉血管，改善心肌缺血。用于预防和治疗冠心病、心绞痛及瘀血内阻之胸痹、眩晕、气短、心悸、胸闷或痛等症。

【规格型号】10s*2板

【用法用量】口服，一次1~2粒，一日3次，饭后服用，或遵医嘱。

【不良反应】偶有头晕、头痛，可自行缓解。
【禁　忌】尚不明确。
【注意事项】极少数病例空腹服用有胃肠道不适。
【药物相互作用】如与其他药物同时使用可能会发生药物相互作用，详情请咨询医师或药师。
【贮　藏】密封。
【包　装】聚氯乙烯固体药用硬片/药品包装用铝箔，10粒/板×2板/盒。
【有 效 期】24个月
【执行标准】中国药典2010年版一部
【批准文号】国药准字Z10910051
【生产企业】企业名称：成都地奥制药集团有限公司
【生产地址】四川省成才市高新区高新大道创业路26号
（资料来源：http://www.quutoo.net）

【评析】

这份产品说明书言简意赅，把该产品的成分、功能、主治、用法、用量及注意事项等说明得一清二楚。内容客观、真实，语言表达准确无误，具有较强的科学性。

在产品说明书中，不仅要介绍产品的优点，更不能忽视说明使用产品时应该注意的事项或可能产生的问题，让用户放心地使用产品。如前面列举的"地奥心血康胶囊"说明书，它的特点是说明服用该药品"偶有头晕、头痛"的现象，但"可自行缓解"。这对服用该药而产生头晕、头痛的病人具有消除疑虑的作用。这样的说明书能指导用户安全使用该产品，显示出写作者实事求是的精神。

3. 注重条理性

产品说明书应该按照用户认识产品的递进程序，分成若干部分进行说明，每个部分又按照其内部规律有条不紊地加以说明，使用户能够较快地认识产品的内容及注意事项，以便准确使用。

【例文】

《××××牌家用燃气双眼灶使用说明》中的"使用方法"

（1）安装前请检查灶具所使用气源与本灶品牌所标的气种相符。

（2）灶具应平衡地放在灶台上，连接胶管必须选用燃气的专用胶管。胶管必须确实插入接头并用专用夹子固定。

（3）试火前，卸下锅架和灶面，检查燃烧器安装位置。正确位置应是：燃烧器风门一端插置在开关喷嘴上，燃烧器底部一端插置在支架孔内定位。

（4）点火时，将开关旋钮向前轻按，逆时针转至"强"位置时，"啪"的一声燃烧器即被点燃，然后放松旋钮，随意旋转旋钮即可调节火焰大小。首次使用时，由于管道内有空气可能点不着，请将旋钮转至"关"位置，重新按上述操作，直至点燃。

（5）本灶使用双头调节开头，开关旋钮逆时针转至"强"位置时，内外圈火焰最大。继续旋转时，外圈火焰从大到小，内圈火焰仍保持最大……旋钮转到"弱"位置时，……

（6）开关喷嘴外有两个风门调节板，风门调节到火焰清晰、无离焰或熄火时无爆鸣声为宜。

（7）燃烧过程中，如发现有回火现象（火焰在喷嘴处直接燃烧），应立即将旋钮转回"关"位置，然后重新点火。

4. 语言通俗易懂

要用平实的语言把内容说得清楚、明白，使用户能正确理解所说明的事项。对一些专业性很强的术语，要有所说明或解析，不能直接使用。

任务2　编写创意广告

一、广告概述

广告就是一种付费的宣传，是指商品或服务的提供者，承担费用，通过信息传媒，向消费者介绍、宣传自己的商品或服务，最后达到扩大销售、提升企业形象的一种商业活动。

一则广告通常包括语言文字和视觉形象（色彩、绘画、图片等）两部分。广告文是用来传递广告信息的语言文字，是广告的核心。所传递的信息，是关于商品、企业的信息。传递的目的，不仅是让消费者知晓，而且要把商品推向市场，让消费者采取购买行动，扩大销售。

二、广告文的结构与内容

一则完整的广告文主要包括广告标题、广告正文、广告附文、广告标语、广告结尾等几部分，但广告在写作时有很强的自由性和灵活性。

（一）广告标题

广告标题就是广告的题目，是广告主题的集中表现，是区分不同广告内容的标志。标题应写在版面最醒目的位置上，它必须鲜明、突出、引人入胜，以引起注意，唤起消费者看正文的兴趣。

广告标题按表现的形式分，有直接标题、间接标题和复合标题三种。

1. 直接标题

直接标题是指直截了当地将广告所要传播的主要信息在标题中表达出来，使人一看就清楚广告说些什么。例如：茅台酒广告标题"国酒新标准　贵州茅台醇"。

2. 间接标题

间接标题是指标题并不直接介绍产品或服务，只向读者提醒或暗示，用迂回的方法引人注意、诱发阅读的兴趣。例如：某航空公司的促销广告标题"千禧良机，岂容错过！"又如NIKE运动鞋广告标题"你决定自己穿什么"。

3. 复合标题

复合标题是直接标题和间接标题的综合运用，主要用于内容多、较复杂的广告。形式上可以是正题和副题，引题和正题，甚至是引题、正题、副题三者的结合。例如："海内存知己，天涯若比邻——电视电话能使山阻海隔的亲友见面畅谈。"

（二）广告正文

正文是广告文的核心部分，是传播产品和劳务信息的主角，承担着介绍商品和劳务、树立产品和企业形象、推动购买的职责。成功的正文不仅能简洁、具体地介绍商品，满足消费者的需要、解除消费者的疑虑，而且可以赢得消费者的好感与信赖，激发购买欲望，促使消费者采取购买行动。

广告正文通常由开头、中心、结尾等部分组成。开头部分要紧扣主题，以便自然、准确地引出下文。中心部分重在表达所要宣传的内容，如产品的性能、特点等。结尾部分一般要敦促人们采取响应的行动。

【例文】

你决定自己穿什么

找出你的双脚，穿上它们，跑跑看、跳一跳……用你喜欢的方式走路，你会发现所有事物的空间都是你的领域，没有任何事物能阻止你独占蓝天。

意外吗？你的双脚竟能改变你的世界。

没错，因为走路是你的事，怎么走由你决定。

当然，也由你决定自己穿什么！

（NIKE 运动鞋）

广告正文的表现形式主要有以下几种：

1. 陈述体

用简洁、平实的语言，开门见山地介绍产品或服务，如商品的名称、规格、特点、价格等情况，直截了当，清楚明了。

【例文】

"话说当今的火锅满城都是，可要说好吃还得是人家满福楼的肥牛火锅。锅烫、肉嫩、片薄、料足、味正，特一级厨师。那原料可是从北京那儿大老远运来的，中德合资华安肉联公司的上等货色。酒店徐经理让我给您捎个话儿，他们在那儿恭候您呢。花个二三百块钱吃顿肥牛火锅，哎，上算！满福楼在哪儿？惠工广场您知道吗？东面 100 米，门脸古香古色。哎，我这里揣着订餐电话呢：8807392。哎，上满福楼别忘了叫着我啊！"

【评析】

这是满福楼酒店的肥牛火锅广播广告。这则广告用一个人的自言自语，向别人诉说这家酒店的肥牛火锅怎么好。叙述得有条有理，语言流畅，恰到好处，有强大的诱惑力，让人有前往一试的冲动。

2. 证书体

着重宣传商品的获奖情况，提供权威人士或知名人士对商品的鉴定、赞扬、使用和见证，或是用消费者对商品赞扬的信件来证明产品的质量或信誉，从而增加消费者对商品的信任。如古井贡酒广告："古井贡酒清如水晶，香如幽兰，甘美醇和，回味悠长，连续三次荣登国家名酒金榜，又获第十三届巴黎国际食品博览会金奖。"

3. 描写体

用描写的手法对商品或服务的功能或特点进行合乎情理的描述和渲染。如台湾锦绣山林新宅广告："锦绣山林，坐落清幽静巷，毗邻森林保护地，无人声鼎沸，无车马喧嚣，只有鸟语盈耳，绿树为伴。"

4. 论说体

用充分的论据和雄辩的逻辑，说服消费者购买。如奇异牌灯泡广告："节省电灯费用，应从选择灯泡入手，电灯上之所费不外电力与灯泡二项，而电力之耗省，与灯泡应用之久暂，完全由于灯泡货质之优劣。故节省电灯之费用，必须注意灯泡之选购。"

5. 对话体

把广告宣传的内容通过两个或几个人对话的方式表达出来。如 IBM 援助中心广告（小女孩篇）：

【例文】

——是援助中心吗？我需要帮助。

——是什么帮助？

——我想知道恐龙、机器人、太空，天为什么是蓝的，很多很多。

——你应该去学校才对呀。

——我没法去，我家在山区，学校太远了。

——哦，是这样啊。

（画面：出现教室的景象。）

——那有我的座位吗？

——教室是虚似的，随时都有座位。

——太棒了！

（字幕：IBM 帮助教育家建立虚拟教室。随需应变的业务）

6. 文艺体

用诗歌、散文、小说、故事等形式宣传产品或服务，生动活泼，富有感染力。例如：

【例文】

今日降温

小时候，每逢下雪天，母亲总唤儿添衣。长大后，远离家乡，单衫不耐寒风疾！一份母爱，百缕牵挂。一件皮衣，万般情义。

（画面：中兴皮衣包装盒下，放着母亲一封来信。）

【评析】

运用"今日降温"的标题，找到了天气降温与皮衣之间的联结点。全诗以母亲关心儿子的冷暖为线索，把皮衣与母爱、与亲情相联系，儿见皮衣如见母亲，突出了"一件皮衣，万般情义"的情感诉求。

7. 抒情体

注重情感诉求，用抒情的笔调，来激发消费者的情感，以情动人，博取消费者的好感。如台湾北方冷冻食品公司广告："故都北京，最为人所称道、怀念的，除了天坛、圆明园外，就该是那操一口标准京片子的人情味儿和那热腾腾、皮薄馅多汁鲜、象征团圆的水饺儿。今天，在宝岛台湾，怀念北京、憧憬老风味，只有北方水饺最能让您回味十足、十足回味！"。

（三）广告附文

广告附文，又称广告随文，是传达商品销售日期、价格、商品购买方法、企业名称、地址、电话、银行账号、联系人等附加性信息，位于广告文案结尾处的语言文字。

广告附文是广告整体结构的有机组成部分，对广告作用的发挥有不可忽视的意义。消费者阅读广告正文后若产生购买的动机与欲望，就需要附文的指导才能进行实际购买。因此，附文内容表现不好，往往直接影响到广告效果。

写作广告附文的要求是既要清楚、明白、详细、具体，又不可喧宾夺主。根据广告宣传的要求，附文的内容也可有所选择，突出重点。

（四）广告标语

1. 广告标语

广告标语，也称为广告语、广告口号，是某一企业或某一产品的广告在一段时期内反复使用的特定宣传用语。它的作用在于反复出现于广告中，加深消费者的理解和记忆，形成强烈的印象，用来树立企业的形象或强调品牌效应。

广告标语的写作形式有赞扬式、号召式、情感式等。写作时要突出企业、商品的特点，要有强烈的号召力，尽量口语化。

2. 广告标语的语言特点

（1）个性鲜明。

广告标语是整条广告的重要组成部分，一句好的广告语可以将产品的特性深深地烙印在消费者心中。广告语应"建立清晰明确的品牌个性"。

广州日报的广告标语"比太阳更早，比往年更好"，除了句子押韵、琅琅上口的特点之外，把日报的早与太阳相比，以"比往年更好"表现不懈的追求，诉求点清晰、明确、个性突出，消费者很快留下印象。

（2）简短精练。

创作广告语要言简意赅，要以最精练的文字表达最丰富的信息内容。一般的广告语都在5~12字左右。

（3）朗朗上口。

广告语要达到为人识记的目的，它的口语化很重要，会直接影响到广告的效果。许多优秀广告语给人留下深刻的印象，除了其创意巧妙之外，往往也因具有韵律、节奏感强，让人脱口而出，如"人头马一开，好运自然来""要想皮肤好，早晚用大宝""康必得治感冒，中西药结合疗效好"等。这类广告语押韵，节奏感强，易于上口，就容易流传。

（4）整齐易记。

广告语的用词要准确、规范，切忌用冷僻、艰涩和过于专业的词句。有的广告口号并不押韵，但其词句整齐易记，节奏鲜明同样有好的效果，如"农夫山泉有点甜""给电脑一颗奔腾的芯""牙好胃口就好"等。

（五）广告标题与广告标语的区别

（1）广告标题的作用是引导消费者注意广告和阅读正文；而广告标语是要在消费者的头脑里树立起企业或商品的形象，引导购买。

（2）广告标题必须与广告正文联合使用，位置相对固定；而广告标语可以在广告文中出现，也可以单独使用，位置十分灵活。

（3）广告标题的形式可以是整句话，也可以是半句话，甚至一个字；而广告标语必须使用完整的句子，表达出明确的概念。

在广告文中只有极少数作品都有这样完整的结构，绝大多数或省略了标题，或省略了落款，甚至省略了正文，仅有广告标语。

三、广告标语的写作要领

广告标语在写作过程中应做到主旨鲜明、诉求准确、内涵丰富、创意独特。

1. 主旨鲜明

通过简短的几个字,便可以传达出广告主体的诉求,使读者了解广告主体最主要的个性特征。如张裕集团的广告语"百年张裕,传奇品质",短短的八个字就塑造了张裕葡萄酒具有悠久历史和口口相传的优良品质这一形象。

2. 诉求准确

广告语要找到与消费者的情感共通点、共同话题,并能引起共鸣。

1994 年香港十大广告之一的香港地铁广告,主角是一只小狗。每天在主人下班到家前的 10 分钟,它就开始为主人打开水龙头准备洗脸水,开好空调、电灯迎接主人的归来,而主人每天都准点踏入家门……广告结尾出现广告语:"香港地铁,时间刚刚好"。

如果没有这句广告口号,整条广告会被误认为是小狗训练得很成功,而广告口号一出就如画龙点睛,一语破的。

3. 创意独特

同样的产品同样的诉求点,但构思不同角度不同给人的感觉也就不同。

【例文】

ROLO 糖广告

广告讲述了这样一个故事:一个小男孩在吃最后一块 ROLO 糖的时候,看见路上走来一群大象带着一只小象。他想把糖给小象吃,当小象兴奋地跑过来用鼻子拿糖的时候,小男孩突然改变主意,将手里的糖收回放进了自己的嘴里,并对大象做出奇怪的表情,嘴里还唱着"啦啦啦啦啦"的歌……多年以后,小男孩长大了,小象也长大了。一次小象在街上游行时,小象看见这个男孩时非常生气,用鼻子拍了一下他的肩头,并扇了他一个耳光作为报复。临走,大象用它自己独特的声音,也哼起了当年这个男孩戏弄它时哼的歌"啦啦啦啦"。

【评析】

此广告的特色在于,将生活中常见的孩子们争抢最后一个喜爱的东西时的情感摩擦,放到了人和动物之间,使普通的广告一下子就变的很有新意。通过大象"君子报仇,十年不晚"的意外情节,既表现了产品诱惑力的强大,又生动有趣,不使人有牵强之感,最后的广告语:"当你吃最后一块 ROLO 时应该如何做,一定要想好"也恰到好处地强化了主题。

【例文】

英国作家毛姆在报纸上给自己的小说做的一则广告

本人年轻富有、仪表堂堂、风度翩翩、身体健康、开朗大方,欲觅一位像毛姆小说《月亮与十六便士》中女主角的女郎为配偶……

【评析】

英国作家毛姆刚开始写作时,名不见经传,作品销路不佳。年轻的毛姆迫于生计,想出了一个主意:在报纸上给自己的小说做一则促销广告。这则征婚广告一经刊出,立刻吸引了众多人的目光,人们纷纷涌向书店争购这本小说,了解小说中的女主角是个什么样子。毛姆一下子家喻户晓，他的小说销量直线上升。毛姆用征婚广告的方式为自己的小说做广告，广告的设计巧妙抓住了不同人群的心理，广告一经刊登，毛姆名利双收。

【病文诊断】
新飞广告做得好，没有新飞冰箱好。

【评析】
这一则新飞冰箱的广告语本意是希望向消费者传达这样一个信息：新飞冰箱所做的广告是真实可靠的，它对于产品的性能、质量等并未做夸大其词的宣传，甚至于在实际使用过程中，消费者对产品的感受要比广告中所说的还要好。然而由于这则广告语在措辞时出现了严重失误——使用了"没有"这样的字眼，就使人产生了歧义，认为新飞冰箱质量不佳。于是，不久之后，这则广告语被改为"新飞广告做得好，不如新飞冰箱好"。

任务3　签订合同

一、合同概述

（一）合同的概念

《中华人民共和国合同法》（以下简称《合同法》）规定：合同是平等主体的自然人、法人、其他组织之间设立、变更、终止民事权利义务关系的协议。合同的当事人，可以是公民（自然人），也可以是法人或其他组织。

（二）合同的特点

1. 合法性

合同内容要符合国家法律、法规和政策的规定，合同的订立程序必须遵守国家法律、法规和政策的相关要求。

2. 平等互利性

合同的主体享有平等的民事主体资格，其法律地位是平等的，不允许一方超越另一方的法律地位。合同条款中，权利义务也是相互的、对等的，不能将其建立在损害对方或他方的利益之上。合同内容也应是等价有偿的。

3. 协商一致性

合同的签订是一个协商一致的过程。合同的内容只有表达当事人彼此一致的意愿，其条款才能成立。虚伪的意思表达或一方当事人在受欺诈、胁迫的情况下所订立的合同无效。同时，在履行合同过程中，如需要变更合同条款，也要重新协商补签。

4. 约束性

合同一经成立，就具有法定效力，各方必须履行，不得擅自变更或终止。

（三）合同的作用

1. 有利于保护当事人的合法权益

通过签订合同，可以明确当事人之间的权利义务关系，合同签订以后，双方就要严格履行合同中约定的义务并享受合同中约定的权利。

2. 有利于规范市场交易活动，维护社会经济秩序

市场经济社会是合同社会，合同得到执行，社会的经济生活就能够正常地运转，社会经

济也就发展了，前进了。

3. 促进经济效益提高

合同的签定，以法律形式确定了当事人的权利和义务，这就有利于促进当事人加强经济核算，搞好经营管理，提高质量，降低消耗，增强竞争力，以取得较高的经济效益。

（四）合同的种类

按写作形式划分：条文式、表格式、条文与表格结合式；

按有效期划分：长期合同、中期合同、短期合同等；

按内容划分：《合同法》列有十五大类：买卖合同，建设工程合同，承揽合同，运输合同，供用电、水、气、热力合同，融资租赁合同，借款合同，仓储合同，保管合同，租赁合同，行纪合同，居间合同，技术合同，赠与合同，委托合同。

按性质分：可分为转移财产的合同、完成工作的合同、提供劳务的合同等。

二、合同的结构与写法

一份完整的合同包括标题、合同当事人、正文、附件、落款五个部分。

（一）标题

标题即合同的名称，写在合同文本首页上方正中位置。合同的标题主要有两种类型：

一种是合同性质+文种：如《技术合同》《租赁合同》；

一种是合同标的+合同性质+文种：如《汽车租赁合同》《住房公积金个人购房担保借款合同》《液化石油气统一管理合同》。

有时可在标题右下方用小号字注明合同编号、签约日期、签约地点等。

（二）合同当事人

即定立合同的双方写明单位名称、代表人姓名和住所。

为了行文方便，规定某方为"甲方"或"需方"，另一方为"乙方"或"供方"。如有第三方，可简称为"丙方"。根据合同的性质，有的也可简称"买方""卖方"或"发包方""承包方"或"出租方""承租方"等，但不能使用"你方""我方""他方"之类的简称。

（三）正文

正文是合同的核心部分，用条款或表格写出双方的合同内容。

1. 签订合同的目的和依据

作为开头语，大多写"为了……目的，根据……的规定，经双方协商，特订立本合同，以便共同遵守"。这是必不可少的，它表明本合同经过了"要约"和"承诺"的过程，是合乎法律程序的。

2. 主体

这是反映合同主要内容的核心部分，要逐条写明双方议定的条款。按照《合同法》的规定，经济合同应具备的主要条款有：

（1）标的。

标的是指合同当事人双方权利和义务共同指向的对象。标的名称要使用公认的名称，并且要具体明确。标的因合同的具体内容而异，它可以是货物、货币、行为、技术、成果等，如运输合同中承运人将旅客和货物运达目的地的行为，买卖合同中的标的是商品，借款合同中的标的是货币，房屋租赁合同中的标的是房子，出版合同中的标的是作者的作品，建设工程合同的标的是工程项目。

（2）数量和质量。

数量和质量是标的的具体化，也是衡量标的的指标、确定权利义务大小的尺度。

数量是标的多少、轻重、大小的表示，如产品的数量、借款的数额等。数量要采用国家法定的度量衡单位来计算；要详细具体，对尾差、自然损耗率等许可范围也要加以说明。

质量是检验标的内在素质和外观形态优劣的标志，如产品的质量要求、包装要求、技术要求、工程项目的标准等。质量标准有国家规定的，要说明按哪一年颁布的标准执行；没有规定的，可由双方协商确定。

（3）价款或酬金。

价款或酬金是指合同一方当事人向交付标的的另一方当事人以货币形式支付的代价。标的是货物的，代价称为价款；标的是提供劳务的，代价称为酬金。合同中要明确规定价款和酬金的单价、总金额、计算标准以及结算方式和程序。

（4）履行的期限、地点和方式。

履行的期限是双方一致确定的合同兑现时间，即履行合同的时间范围。可规定为即时履行或在一定期限内履行，期限要明确，不能使用"春季""以后"等模糊词语来表述。履行地点是指双方履行合同义务的地方，地点要具体明确。履行的方式是指双方履行义务的方式、方法，要根据标的的不同情况加以规定，如货物采用什么运输工具、何方支付运费、付款方式等，都应具体明确。

（5）违约责任。

违约责任又称经济责任或罚则，指合同依法成立后，当事人一方（或双方）在违反合同条款时应承担的责任。对违约责任的追究，可以用支付违约金、支付赔偿金、继续改造合同等方式解决。违约责任对督促当事人信守履行合同的义务，保障合同顺利履行有重要意义，所以一定要具体明确、切实可行。

3. 结尾

结尾一般写明执行合同时发生意外情况的处置办法，注明合同的有效期限、人数及分送单位，合同的检查、修订办法，未尽事宜的处理办法等。

（四）附件

附件是合同中必需的但又无法写进具体条款中的事项，用附件形式列于合同后，有补充说明和资料依据的作用。附件是合同的组成部分，同样具有法律效力。

（五）落款

这部分是合同特定的内容和格式，即在正文的右下方写明签订合同的双方单位名称、代表姓名、签单、法定通讯地址、银行账号、签约日期及地点等。

【例文】

租房合同范本（简单）

出租方：　　　　　　　　　　　　　　　　（以下简称甲方）

承租方：　　　　　　　　　　　　　　　　（以下简称乙方）

甲、乙双方就房屋租赁事宜，达成如下协议：

一、甲方将位于××市××街道××小区××号楼××号的房屋出租给乙方居住使用，租赁期限自××年××月××日至××年××月××日，计××个月。

二、本房屋月租金为人民币××元，按月/季度/年结算。每月月初/每季季初/每年年初××日内，乙方向甲方支付全月/季/年租金。

三、乙方租赁期间，水费、电费、取暖费、燃气费、电话费、物业费以及其他由乙方居住而产生的费用由乙方负担。租赁结束时，乙方须交清欠费。

四、乙方同意预交×元作为保证金，合同终止时，当作房租冲抵。

五、房屋租赁期为×，从××年××月××日至××年××月××日。在此期间，任何一方要求终止合同，须提前三个月通知对方，并偿付对方总租金××的违约金；如果甲方转让该房屋，乙方有优先购买权。

六、因租用该房屋所发生的除土地费、大修费以外的其他费用，由乙方承担。

七、在承租期间，未经甲方同意，乙方无权转租或转借该房屋；不得改变房屋结构及其用途，由于乙方人为原因造成该房屋及其配套设施损坏的，由乙方承担赔偿责任。

八、甲方保证该房屋无产权纠纷；乙方因经营需要，要求甲方提供房屋产权证明或其他有关证明材料的，甲方应予以协助。

九、就本合同发生纠纷，双方协商解决，协商不成，任何一方均有权向天津开发区人民法院提起诉讼，请求司法解决。

十、本合同连一式×份，甲、乙双方各执×份，自双方签字之日起生效。

甲方：

乙方：

年　　月　　日

（资料来源：http://www.law-lib.com）

【病文诊断】

经济合同

立合同人：
济南××厂第一车间（甲方）　　　　济南市××建筑公司生产科（乙方）
为建筑济南××厂第一车间厂房，经双方协商，订立本合同。

一、甲方委托乙方建造厂房一座，由乙方全面负责建造。

二、全部建筑费（包括材料、人工）贰拾万元。

三、济南××厂在订立合同后先交一部分建造费，其余在厂房建成后抓紧归还所欠部分。

四、工期待乙方筹备就绪后立即开始，力争四月中旬开工，争取十月左右交活。

五、建筑材料由乙方全面负责筹备。

六、本合同一式两份，双方各执一份。

立合同人：
济南棉纺厂第一车间（公章）
主任：王立平（私章）
济南市城市建筑公司生产科（公章）
科长：李新刚（私章）

2014年1月15日星期三

【评析】

这是一份不合法、格式不对、内容不具体、不明确、语言不规范的合同。

第一，不合法。经济合同的主体应是法人，而这份合同的立合同人，"甲方"是"济南××厂"的一个车间，"乙方"是"济南市××建筑公司"的生产科，都不具备法人资格与条件。

第二，格式不对。本合同的项目是建筑安装工程承包，标题应该是"建筑厂房合同"，用"经济合同"作标题范围大了些；应在"甲方""乙方"之前分别加上"以下简称"字样。

第三，内容不具体、不明确。该合同第一条中没有阐明建造厂房的式样、面积、高度、结构等具体要求，使乙方施工无章可循；建筑费用没有说明归哪方使用；第三条中的"一部分"应具体化，否则交款时有可能产生分歧、争执；第四条中的工期应该订立确切日期，尤其是交工日期，还应该有保证措施；第五条缺少材料标准附件。

第四，合同没有说明生效期。该合同中的年月日，只能表示合同签订日期，而不代表生效期，故应在末尾写上"自签订之日起生效"字样；该合同还缺少违约责任。

第五，这份合同在语言上有些地方也欠妥，前后称呼不一致；第三条中"归还"一词用得不当，甲方付给乙方的是建筑费用，不是甲方对乙方的借款，不能说"归还"。

任务4　撰写营销策划书

一、营销策划书概述

1. 营销策划书的概念

营销策划书是指企业在进行产品或服务的市场销售前，为使销售达到预期目标而进行的各种销售促进活动的整体性策划文书。通过营销策划，使企业在市场营销过程中达到预期的目的。企业能否成功地进行营销策划并实施，是企业经营成功或失败的关键所在。

2. 营销策划书的分类

（1）根据策划项目的不同，营销策划案可分为品牌策划案、促销策划案和广告策划案。

（2）根据策划案呈报对象不同，营销策划案可分为内部营销策划案和外部营销策划案。

3. 营销策划书的作用

营销策划书既是策划工作的文字表现形式，又是实施具体营销活动的行动指南，它能够准确、完整地反映营销策划的内容，要充分、有效地说服决策者，也是执行和控制营销活动的依据。

二、营销策划书的结构与内容

营销策划书没有固定的标准格式。产品或营销活动要求、内容不同，其结构格式就会不同。但从营销策划活动的一般规律来看，其中有些必备的要素。

（一）封面

封面是策划书的"脸面"，一般来说，封面应包括以下内容：

（1）营销策划的全称，如《××有限公司关于××的营销策划案》。

(2) 营销策划的部门与策划人，如"营销策划：××有限公司××部""主策划人：××、××"。

(3) 策划的时间，如"策划提交日期：×年×月×日"。

(4) 营销策划案编号等。

（二）目录

目录是策划书的重要组成部分，既可以使阅读者对营销策划案的结构一目了然，同时，也方便他们查寻方案的具体内容。

（三）概要

概要是对策划书内容的概括性表述，用来说明策划的原因、重要性和必要性，并对策划过程概况和策划案的思路、观点等做简单介绍。

（四）环境分析

策划书起始于对现状的观察，在观察中发现现状中存在的问题，从而针对这些问题做出正确的策划分析。

（五）SWOT 分析

SWOT 即：优势（Strengths）、劣势（Weakness）、机会（Opportunities）、威胁（Threats）。在环境分析的基础上找到企业的优势与劣势、机会与威胁，发现企业存在的真正问题与潜力，为后面的方案制定打下基础。

（六）营销目标：明确任务

这一部分要预期营销策划方案执行期间的经济效益、总销售量、毛利、市场占有率等。

【例文】

"天岩"服饰营销目标

1. 扩大"天岩"服饰品牌的知名度

在淘宝网中扩大"天岩"这一品牌的推广，形成自己的品牌优势，使得"天岩"最终成为一个广为人知的品牌，并成为新时尚的标志。

2. 增加销量，回笼资金

通过一系列的促销手段，提高销量，迅速回笼资金，形成营销计划的良性循环，为公司的发展壮大储备充足的资金。

（七）制定营销战略，确定营销战术

这是营销策划的最主要部分，提出营销宗旨、营销战略具体行动方案。撰写的原则是对症下药、因人制宜。

1. 营销宗旨

（1）以强有力的广告宣传攻势顺利拓展市场，为产品准确定位，突出产品特色，采取差异化营销策略。

（2）以产品主要消费群体为产品的营销重点。

（3）建立起点广面宽的销售渠道，不断拓宽销售区域等。

【例文】

....

根据上表分析可知，中国网民的网购潜力巨大，其中有多数网购者并不只看重低价服装，而是倾向于选择高性价比的产品，对服装的质量有着较高的要求。我们需要对消费者进行分层，形成不同的梯度，定位不同的产品来适应不同买家。

消费者定位

（1）大学生：数量众多，紧跟时尚，潜力无限

大学生是一个巨大的消费群体，他们对时尚有敏锐的嗅觉，容易接受新生事物。这个群体在几年后便会向 25～30 岁这一阶层转变，也属于我们的顾客范围，如果能够把握住这个群体，就可以为以后培养大批有实力的潜在顾客和忠实顾客，成为支撑未来业务的坚强后盾。

（2）年轻的白领族：消费实力强，倾向购买搭配套装

白领族消费实力比较强，我们致力于在此群体中培养出忠实顾客，并通过她们的口耳相传获得更多有实力的顾客，从而扩大销量。她们对服饰的整体要求较高，更倾向于购买搭配时尚、协调的全套服饰。

2. 产品策略

对产品定位、产品质量、功能方案、产品品牌、产品包装和产品服务进行分析。

【例文】

一、产品定位

（一）全套搭配

推出全套时尚搭配，对饰品、包、衣服、鞋子等进行搭配，并由模特将整体效果完美呈现给消费者，为顾客解决服装搭配难题。对商品进行真实拍摄，保证服饰的质量和真实程度，有效解决顾客在购买时的后顾之忧。

（二）产品质量

"天岩"服饰品牌走中端路线，单件服装零售价平均在 100 元左右。服装做工精细，面料舒适，饰品质量优等，保证较高的性价比。

二、品牌定位："天岩"以民族元素引领潮流

"天岩"将极富特色的民族元素与当下时尚特色完美融合到服装设计中，并根据分层的消费者，设计成不同的主题系列，贴近顾客需求。"天岩"服饰由时尚民族风的款式形成核心竞争力和特色品牌来吸引消费者。

3. 价格策略

有几个普遍性原则：拉大批零差价，调动批发商、中间商积极性；给予适当数量折扣，鼓励多购；以成本为基础，以同类产品价格为参考，使产品价格更具竞争力；若行业以产品价格为营销优势的则更应注重价格策略的制订。

4. 销售渠道

产品目前销售渠道状况如何，对销售渠道的拓展有何计划，采取一些实惠政策鼓励中间商、代理商的销售积极性或制定适当的奖励政策。

5. 广告宣传

在一定时段上推出一致的广告宣传，不定期地配合阶段性的促销活动，把握时机进行公关活动接触消费者，提高企业产品的知名度。

【例文】

一、营销渠道

（一）网络营销

1. 通过对网店的经营，使我们的店铺成为客户身边的衣柜，使客户随时随地想到通过网络选择搭配好的服饰。

2. 顾客通过手机微信扫描二维码关注本店，经常进店逛一逛，了解本店产品情况。使关注我们店铺的信息成为顾客生活的一部分。

3. 对老顾客进行回访，不断对产品对行改进，以更好地适应顾客需求。

（二）物流营销

与快递公司合作，请快递公司帮助发送本公司宣传单，同时在快递包裹中加入传单。在宣传单上不仅有本公司的产品的信息，也可附上快递公司的宣传信息，做到互利互惠。

二、促销

（一）赠品促销

根据顾客的不同消费额度，给予不同的搭配赠品。

（二）降价促销

1. 一次性购买本店 400 元以上商品者，可享受本店九折优惠措施。

2. 换季清仓活动，对换季商品打折销售。

3. 节假日降价促销，增大销售量。

4. 每月抽出一位幸运顾客，购买商品可享受六折优惠。

（三）会员制与积分制结合

凡购买本店产品达到 400 元的顾客，均可成为本店会员。会员购买产品时可积分，积分可以换购礼品。会员制与积分制可以保障客户的忠诚度，从而促进公司的发展扩大。

（四）广告宣传

在初期阶段进行适度的宣传，如发放传单、网上贴图、微信朋友圈推广、礼品赠送等，使搭配的套装服饰概念深入顾客心中。

6. 具体行动方案

根据策划期内各时间特点，制定各项具体行动方案；方案要细致、周密、操作性强、具有灵活性；要用较低的费用，获得良好的效果。

（八）预算及效益分析

这一部分记载的是整个营销方案推进过程中的费用投入，包括营销过程中的总费用、阶段费用、项目费用等。原则是以较少投入获得最优效果。

【例文】

项目	分项目	时间	地点	金额	说明
广告	电视广告				
	电台广告				
	报纸广告				
	街头广告				
	店铺广告				
	传单印发等				

续表

项目	分项目	时间	地点	金额	说明
现场推广费用	产品展示会 样品赠送 抽奖 折扣等				
装修费用	店铺装修				
人员推销	推销人员的工资 推销人员的奖励 其他费用等				
人员培训	推销人员的培训费用				

（九）营销控制

营销控制是策划方案的补充部分，主要说明如何对方案执行过程和进度进行管理，如：做好动员和准备工作、分解任务、落实人员、明确责任人、对实施效果进行评估、及时总结成功经验，分析问题原因等。

（十）结束语

结束语是对整个策划的要点进行的归纳和总结，应与前言遥相呼应。

（十一）附录

对策划案所采用的调查与分析技术做必要的补充说明，也可以为营销策划提供有力的佐证。

写作训练

1. 为你网店的商品撰写一则说明书。
2. 参照广告语的特点和写作要领，为你网店的商品写出富有创意的广告语。
3. 根据以下合同范本，为你网店经营的某一商品写一则购销合同。

购销合同

订立合同双方：

供方：_____

需方：_____

供需双方本着平等互利、协商一致的原则，签订本合同，以资双方信守执行。

第一条 商品名称、种类、规格、单位、数量

产品名称	品种	计量单位	数量	单价	总金额	交售时间及数量		
					合计			
合计人民币金额（大写）：								

第二条 商品质量标准

商品质量标准可选择下列第_____项作标准：

1. 附商品样本，作为合同附件。
2. 商品质量，按照_____标准执行（副品不得超过_____%）。
3. 商品质量由双方议定。

第三条　商品单价及合同总金额

1. 商品定价，供需双方同意按_____定价执行。如因原料、材料、生产条件发生变化，需变动价格时，应经供需双方协商。否则，造成损失由违约方承担经济责任。
2. 单价和合同总金额：_____。

第四条　包装方式及包装品处理。

（按照各种商品的不同，规定各种包装方式、包装材料及规格。包装品以随货出售为原则；凡须退还对方的包装品，应按铁路规定，订明回空方法及时间，或另作规定。）

第五条　交货方式

1. 交货时间：_____。
2. 交货地点：_____。
3. 运输方式：_____。

第六条　验收方法

（按照交货地点与时间，根据不同商品种类，规定验收的处理方法。）

第七条　预付货款

（根据不同商品，决定是否预付货款及金额。）

第八条　付款日期及结算方式

第九条　运输及保险

（根据实际情况，需委托对方代办运输手续者，应于合同中订明。为保证货物途中的安全，代办运输单位应根据具体情况代为投保运输险。）

第十条　运输费用负担

第十一条　违约责任

1. 需方延付货款或付款后供方无货。使对方造成损失，应偿付对方此批货款总价_____%的违约金。
2. 供方如提前或延期交货或交货不足数量者，供方应偿付需方此批货款总值_____%的违约金。需方如不按交货期限收货或拒收合格商品，亦应偿付供方此批货款总值_____%的违约金。任意一方如提出增减合同数量、变动交货时间，应提前通知对方，征得同意，否则应承担经济责任。
3. 供方所发货品有质量不合规格或霉烂等情况，需方有权拒绝付款（如已付款，应订明退款退货办法），但须先行办理收货手续，并代为保管和立即通知供方，因此所发生的一切费用损失，由供方负责，如经供方要求代为处理，并须负责迅速处理，以免造成更大损失，其处理方法由双方协商决定。
4. 约定的违约金，视为违约的损失赔偿。双方没有约定违约金或者预先赔偿额的计算方法的，损失赔偿额应当相当于违约所造成的损失，包括合同履行后可以获得的利益，但不得超过违反合同一方订立合同时应当预见到的因违反合同可能造成的损失。

第十二条　当事人一方因不可抗力不能履行合同时，应当及时通知对方，并在合理期限内提供有关机构出具的证明，可以全部或部分免除该方当事人的责任。

第十三条　本合同在执行中发生纠纷，签订合同双方不能协商解决时，可向人民法院提出诉讼。（或申请_____仲裁机构仲裁解决）

第十四条　合同执行期间，如因故不能履行或需要修改，必须经双方同意，并互相换文或另订合同，方为有效。

需方：_____（盖章）　　　　　　　供方：_____（盖章）

法定代表人：_____（盖章）　　　　法定代表人：_____（盖章）

开户银行及账号：_____　　　　　　开户银行及账号：_____

　　　　　　　　　　　　　　　　　　　　　　　　　　年　　月　　日

4. 双11要来临，你需要为你的网店撰写一份促销策划案，本方案至少应包括封面、前言、概要、营销目标、营销战略、具体行动方案和预算分析等内容。

情境迁移

情境一：毕业后，你到××公司从事销售工作。在工作一段时间后，你负责公司某产品在济南地区的营销推广。作为主要负责人，需要对你所销售的产品做一个营销策划案。

情境二：××公司的产品生产出来后，你负责撰写一则产品说明书，向消费者详尽介绍本产品的使用、保存（保养）方法及注意事项等。

知识拓展

剧情说明书

一、剧情说明书的概念

剧情说明书是一种介绍影视、戏剧剧情的说明书。在剧场中广泛应用，它能帮助观众在观看影视或戏剧前，对剧情有大致的了解。

二、剧情说明书的结构与内容

剧情说明书一般采用短文式，由标题、正文和附录三部分组成。

1. 标题

一般以剧名为标题。

2. 正文

正文一般以短文形式介绍影视戏剧的主要情节。

3. 附录

介绍该剧的编剧、导演、主要演员以及出口公司或制片厂（演出剧团）等。这部分内容可写在标题与正文之间，也可置于正文之后。

三、写作要求

1. 科学性

剧情说明书，要符合剧情的原意，根据剧情以准确的语言实事求是地撰写说明书，不可脱离剧情过分夸张，更不能胡编乱造。否则，观众会有上当受骗的感觉。

当然，在剧情说明书中，为了渲染气氛，增强说明效果，引起观众观看影视和戏剧的兴趣，写作者往往会融入一些个人的感情，表达个人的见解，只要所表达的见解和抒发的感情是以尊重剧情为前提的，同样能体现说明书科学性的要求。

2. 条理性

在介绍剧情时,应该抓住剧情的主线,按照剧情发生、发展、高潮至结尾的顺序,条理分明地进行说明,体现剧情的连贯性和完整性。

<h2 style="text-align:center">编写说明</h2>

一、编写说明的概念

这是一种介绍说明图书编写的目的、内容、体例及过程的说明文体。它能帮助读者了解图书的编写意图、主要内容和特点,一般置于图书的扉页之后、目录之前,由编者撰写。

二、编写说明的内容与结构

1. 标题

直接以"编写说明"为题,有的只写"说明"两字。

2. 正文

正文应包含以下几个内容:编写该书的缘由、目的要求、编写原则及特点、内容、编写过程、编写体例、人员,最后说明编者水平有限,欢迎读者批评指正。

3. 日期与署名

应注明该"说明"的写作日期;署上编者的姓名,或只写"编者"两字。

三、编写说明的写作要求

1. 实事求是

编写说明要注意科学性,它在介绍图书的性质、内容和特点时,必须做到实事求是,决不能夸大图书的优点、特点,欺骗读者。编写说明应该真正成为读者阅读该书的向导。

2. 条理清晰

编写说明要对图书上的编写目的、意义、内容特点、编写过程等一一加以说明,尽管每个部分的内容有详有略,但整篇说明文字必须条理分明,眉清目楚。例如,外语教学与研究出版社出版的《现代日汉汉日词典》的"编写说明":

第一,文章首先说明编写此书的原因——"为了满足广大日语学习者的需要,我们编辑出版了这本《现代日汉汉日词典》"。

第二,说明该词典的特色——"本词典集日汉汉日两部分为一册,使用颇为方便。内容力求简明扼要,编排紧凑醒目。除正文外,还编有《世界部分国家、地区、首都名称对照表》等多种附录,供使用参考。"

第三,介绍词典的内容——"日汉部分共收一万八千余词条,包括常用词汇、科技词汇、社会科学词汇和外来语,也有一定数量的成语、谚语及常用句型。汉日部分共收一万八千余词条,以收一般词汇为主,兼收了部分科技、社会科学词语,也收进了一些常用成语、谚语。"

第四,介绍编写过程中的参考书籍,并表示感谢。

最后,用谦逊之语结尾——"由于编者水平有限及经验不足,这本词典中难免存在一些缺点及错误,我们诚恳地希望广大读者提出宝贵的意见,以便再版时修订。

项目七　职场求职招聘

情境导入

转眼你已经是大三学生,求职择业迫在眉睫。一天,你从××网络上看到一则兼职招聘启事,于是打算去应聘兼职。你需要为自己设计撰写一份有针对性的简历或求职信。

项目架构

1. 撰写一则招聘启事;
2. 设计一份个人求职简历;
3. 撰写一篇求职信;
4. 模拟应聘。

重点难点

教学重点:启事、简历和求职信的写作格式、写法要求。
教学难点:简历与求职信的撰写。

学习内容

本项目所涉及的应用文种有启事、简历和求职信。

任务1　刊登招聘启事

一、启事概述

(一)启事的概念

启事是机关、企事业单位、团体或个人,需要向公众说明或希望公众协助办理的一种公开文告。它一般张贴在公共场所或刊登在报刊上。

(二)启事的种类

按内容分:找寻启事,招领启事,招聘启事,征集、征订启事,开业启事,迁址启事,更改名称启事,遗失、作废启事,征婚启事,招标启事等。

按发布的形式分:报刊启事,电视启事,广播启事,张贴启事。

(三)启事的特点

1. 知照性

启事是向大众告知事宜,它只具有知照性,不具备强制性和约束力,启事的对象可以参与启事中所要求的事,也可以不参与。

2. 简明性

启事要求表达简洁明了,既为了方便读者对启事的内容一目了然,也节约篇幅,力求用最少的物力达到最好的知照效果。

二、启事的结构与内容

启事通常由标题、正文、结尾三部分组成。

1. 标题

启事的标题要明确，如果是寻找遗失的物品，就写"寻物启事"；征集稿件的启事，就写"征稿启事"；也有一些启事的标题只写"启事"二字。

2. 正文

正文的内容一般包括目的、意义、原因、要求等。简单的启事，通常是一段成文，内容较多的启事可以分段书写，也可以分条列项书写。

3. 结尾

紧接正文后，另起一行空两格书写联系人姓名、联系方式。最后，签署启事者姓名和启事的时间。

三、启事的写作要求

1. 内容简约明确

一般启事写清楚原因、对象、要求、联系方法等。假如是寻人启事，应写清楚被寻找的人的主要特征。寻物启事应写清楚所寻物品的基本特征，以便公众更快、更准确地给予帮助。

2. 用语诚恳有礼

每一种启事，写作的目的在于寻求公众的帮助，所以行文语言应谦逊有礼，避免盛气凌人，出现语言不得体的情况。

【例文】

开业启事

369商店装修工程已告完工，定于6月8日正式营业，经营日用百货、干鲜水果、服装鞋帽。欢迎广大顾客前来选购。

369商店

2015年6月1日

招聘启事

远大有限公司随着业务的不断扩大，经市人才交流服务中心批准，现诚聘销售人员6名，具体条件如下：

1. 应聘条件：户口不限，大专以上学历，五官端正，口头表达能力强。
2. 本公司对受聘人员试用3个月，正式聘任后工资待遇从优。
3. 招聘方法：应聘人员持个人简历、彩色免冠近照（大一寸）3张、学历证书到本公司人力资源部报名。

面试时间：2015年5月6日

     上午：8:30～11:30

     下午：2:00～5:00

联系人：郑天一

电话：18605315879

远大有限公司

2015 年 4 月 18 日

寻物启事

本人于 11 月 15 日上午 10 时左右在学院操场丢失一个红色书包，内有手机、《英汉双解词典》及 200 多元人民币，请拾获者速与 Z14004 张小枫联系。面谢。

联系电话：13608768955

2015 年 11 月 16 日

招领启事

本人于 11 月 15 日上午在学院操场捡到一个红色书包，内有手机及人民币等，请丢失者与汪小君联系。联系电话：18697856323

2015 年 11 月 16 日

【评析】

以上四则启事，均简要地写清要告启主要事情：何时、何地、发生了何事，并在此基础上恰当地向公众提出希求，语言委婉诚恳。招领启事涉及财物的内容细节要有所保留，以防冒领。

【病文诊断】

招聘启事

广大新生同学请注意！广大新生请注意！院学生会招聘开始啦，愿同学们积极参加，踊跃报名。给自己一个舞台，给大家一份爱心。

院学生会

2014 年 9 月 25 日

【评析】

这是一则内容不完整的启事，招聘的原因、对象、要求以及时间、地点、联系方式都未在文中呈现，让人一头雾水，难以去应聘。

【改后】

招聘启事

院学生会是在学校团委指导下，以"服务学校，服务青年"为宗旨，由学生自主管理的自治组织。学生会在学校的校风建设、日常管理等方面发挥了积极作用。为进一步加强学生干部队伍，经学校团委决定，学生会各部门特在大一新生中招聘成员。具体条件如下：

1. 遵章守纪，品行端正，能发挥良好的先锋模范带头作用。
2. 具有良好的沟通能力，团队意识。
3. 责任心强，有一定组织能力。
4. 有各项特长者优先录取。

报名时间：10 月 9 日~16 日，13:00~14:00，17:00~18:00.

报名地点：学院弧形楼前
选拔方式：现场填表-资格审查-竞选演讲-面试-公示-试用-任命
联系电话：187×××××××

学生会是一个展示自己的舞台，我们等着优秀的你加入学生会。

山东××职业技术学院 学生会
2014年9月25日

任务2　设计个人简历

一、简历概述

（一）简历的概念

简历是一种简要反映和记录个人基本面貌、学习、工作经历及应用文书。简历又可称个人简历或个人履历书。

有时候简历只作为求职信和应聘信的附件使用，有时候简历又可以作为独立的求职文书呈递给用人单位。

（二）简历的特点

1. 真实性

简历简洁地记录和反映了一个人成长、奋斗的历史。因此，它应当十分真实，不做夸张和修饰。

2. 完整性

简历要求非常清晰地勾画出一个人随时间流变而延伸的人生轨迹。一个人以往岁月的教育背景、工作甚至个人生活的有关经历都要在其中得到比较全面的反映。

二、简历的结构与内容

（一）简历的结构

简历的写法并不特别固定。常用的有条文式、表格式和条文表格兼用式。

1. 条文式

条文式即分条列项地用文字将有关内容加以说明。它的优点是不受限制，可根据需要自由取舍，特别是不易归类的内容，写出即可，不必为划分其类别而浪费精力甚至发生错误。缺点是不如表格式条理清楚，一目了然。作为求职附件的简历适合采用条文式写法，按照一定的表达顺序逐项陈述求职者的经历。

2. 表格式

表格式即将有关内容在表格中列出。它的长处在于条理清楚，一目了然；不足是受表格限制，需要加以说明之处的内容难以展开，有时分类较为困难。表格可根据具体情况自己绘制，以清楚易懂、美观大方、突出重点为基本要求。

3. 条文表格兼用式

条文表格兼用式即将条文式与表格式结合起来，在不同的地方使用不同的形式。它兼具二者的优点，避开其不足之处，是目前使用较多的一种。

（二）简历的内容

1. 分类

按照内容分，简历可以分为通用式简历和功能式简历。

（1）通用式简历。

适用于初涉职场的求职者。主要是按照时间顺序来排列，适用范围不受所申请职位的限制。缺点是针对性不强，无法突出展示适合某个职位岗位要求的能力。

（2）功能式简历。

适用于行业或职业经验丰富的求职者。在简历开头即表明求职目标，强调那些能够满足目标雇主需要的技能、能力和资质。简历内容的定位应当尽可能地贴近职位的要求。简历内容以工作业绩为重点，围绕求职目标展开。

2. 内容

这两类简历一般都包括个人资料、教育背景、工作经历、个人能力、求职意向、证书和相关材料的复印件几个部分。

（1）个人资料。

个人资料包括姓名、性别、年龄、籍贯、联系方式（电话、E-mail、通信地址及邮政编码等），一般采用表格式。

（2）求职意向。

求职意向也称求职目标，它能够表明求职的方向，或正在寻求的特定职位、头衔。求职的方向既不要过窄而限定了被选择的范围；也不要过宽，否则会让招聘方感觉求职者过于自负或没有专长。要根据自己的实际情况确定一至三个岗位为好。

（3）教育背景。

教育背景包括第一学历、自学进修、最高学历、所学专业、学习时间等。在填写此项内容时，本着"远略近详"的原则。

【例文】

知识结构

主修课：C 语言、离散数学、Java 语言、数据结构、操作系统、系统结构、编译原理、数据库原理、计算机网络

专业课程：Oracle 实用数据库、DB2 UDB 数据库、数据仓库、数据挖掘

选修课：Windows API 程序设计、组合数学、期货投资与务实、西方经济学

实习：Oracle 上机、图形学上机、汇编实验、接口技术实验

（4）工作经历。

按照倒序的顺序，根据个人工作、实践情况不同而重点突出地说明工作、实践的具体内容与经历，尤其是与求职目标相关的工作、实践经历。尤其要写出最主要、最有说服力的工作、实践经历和最具证明性的相关成绩。在这部分中不仅要注明工作或实践的单位名称、职务、就任及离任时间，更应该突出所任每个职位的职责、工作性质和取得的业绩等。

作为缺乏工作经验的应届毕业生，可以在这一部分中述写社会实践、假期打工、勤工助学、参加的社团、实习经历等过程，充分反映曾经有过的经历。

总之，此部分内容重在总结说明你在这些活动中担任的角色，哪些能力获得怎样的提升。

如相关专业技能、领导能力、协调能力、团队精神、创新能力、解决困难的能力等。

【例文】

在大学期间,我加入了电子技能创新协会。在协会中,我的动手实践能力得到了锻炼,并自行制作了摇摇棒、音箱、智能小车等电子产品。我学会了QQSE的使用,以及单片机STC89C52和C语言的使用和应用。现在可以熟练地操作PCB板图、电路设计、C语言、单片机等。

【例文】

2012年7月~9月　　在呼和浩特三星手机分店　　任销售员一职。

负责销售手机,并成功销售出手机十台。锻炼了自己的耐心,又获得了一定的销售经验。

2011年7月~8月　　在呼和浩特蒙牛店　　任销售策划一职

负责每天的具体销售量及种类的规划。

(5)个人能力。

个人能力包括外语能力(语种、等级证书、应用能力等)、语文表达能力、组织协调能力、运用计算机的能力、各种技能特长和其他实际工作能力。这部分最好分成不同的类别、按照从重要到一般排列,以便于审阅者审阅。

(6)证书和相关材料。

证书及相关材料是指能证明工作的相关材料。包括毕业证、计算机和外语等级证、普通话等级证、获奖证书、论文、科研成果、证明信、推荐信等。在简历中按照从重到轻、从主到次的顺序将名称在附件中列出,后附复印件。

三、简历的写作要求

1. 写法灵活,忌生搬硬套

安排结构,布局谋篇,应遵循"大体须有,定体则无"的原则。既要考虑一般规律,又要结合自身实际来确立重点、谋篇布局、组织材料,绝不可生搬硬套。

2. 求职目标,定位要明确

简历有时候作为独立的求职文书递交给用人单位。因此,职位目标定位要准确,表述要清楚,要有说服力。此外,如果有多个求职目标,还应该制作多份简历,根据不同的目标职位要求,通过不同的简历有所侧重地表现自己。

3. 选择内容,扬长避短

从群体上看,职业院校毕业生的劣势是阅历较少、知识层次相对不高;优势是学校的专业设置大多贴近企业实际、贴近一线需要,有相当一部分毕业生的动手操作能力较好。从个体来说,每位毕业生的优势又各不相同,如有些学生在上学期间就参加了函授学习或自学考试,很多学生通过了职业技能资格考试。所以,在实事求是、不弄虚作假的前提下,要特别注意扬长避短,从而在竞争中取得优势,打动招聘方。

4. 篇幅适中,忌走极端

简历篇幅以不超过两页为好,一份冗长的简历只会令人反感而放弃对求职者的选择。

5. 注意语言,讲求实效

(1)措辞力求准确、恰当,不宜用口语、歧义词语、生僻词语以及不规范简称。

(2)句法要求完整严密,一般不用感叹句、省略句,更不能出现病句。

(3)语言简洁,以事实说话,写作过程即是将事实归纳、分类的过程,文章力避重复、啰嗦、冗长，切忌大话、空话满篇。

（4）证据以平实为主，某些地方也可写得较为活泼生动（如开头、结尾部分），但不宜用抒情色彩浓重的词语和夸张等修辞手法；同时，既要谦虚又不能谦卑，既要自信又不能自傲。

【例文】

简历

基本资料：
姓名：李×× 　　性别：女 　　出生日期：1992-7-20 　　政治面貌：党员
民族：汉族 　　身高：166cm 　　籍贯：山东省 　　学历：专科
毕业院校：山东电子职业技术学院 　　毕业时间：2014年6月
所学专业类别：管理类 　　专业名称：市场开发与营销
求职意向：销售类职位

专业情况及特长：
英语水平：四级 　　计算机能力：二级 　　普通话程度：二级乙等

主修课程：
企业管理学、会计基础、商品学概论、市场营销学、消费心理学、市场调查与预测、物流基础、广告学、产品开发与管理、营销策划、经济法、营销渠道管理、公共关系学、商务英语、连锁经营管理概论、推销与谈判、服务营销学、客户关系管理、组织行为学

学业成绩：
2011~2012学年，被评为院级"三好学生"，获得三等奖学金；
2012~2013学年，被评为院级"三好学生"，获得一等奖学金；
2013~2014学年，被评为院级"优秀学生干部"，获得二等奖学金。

个人实践、工作经验：
2014年3月　担任××咨询有限公司问卷调查员职务
主要是做关于空气污染的调查，以抽样的方式，在规定的地点选取人员进行入户问卷调查，全程录音，两天顺利完成调查任务。
2013年7月~2013年12月　担任××公司商务运营部成员
作为带团人员，根据部门的需求，挑选并联系符合条件的人员，进行各项事务跟进，按要求组织有关活动。
2012年9月~2014年6月　担任班上学习委员职务
负责班级学习相关事务管理，直接和校领导及老师沟通，反馈学生信息，促进学校教改。
2012年7月　担任××有限公司临时促销员
主要是在商场、超市等地点进行产品的促销活动，介绍公司的产品和理念，引导顾客购买，培养顾客的忠诚度，提高公司知名度。

自我评价
乐观向上、勤恳踏实、认真负责、具有团队协作精神。

【评析】
这是一则通用式简历，内容较全面。本文亮点在"个人实践、工作经验"部分，作者没有将曾经的工作和实践岗位简单罗列，而是在此基础上将岗位职责和自己的业绩都呈现了出

来,这正是招聘方所要了解的。但"主修课程"部分稍显乱,如果能够分类编写则更好。

【病文诊断】

姓　名	张小明	性　别	男	出生年月	1993年6月5日
籍　贯	山东济南	民　族	汉	政治面貌	共青团员
身体状况	健康	学　历	专科	学　位	专科
毕业学校	山东电子职业技术学院					
所在院系	自动化系				
技　能	汽车技术服务与营销				
专业能力	专业课能力良好,理论基础和专业实践基础表现突出				
实践经验	在校期间,积极参加系组织的汽车电子社团,获得丰富的技术经验。曾在济南东岳汽车公司工作,表现突出,并被评为优秀员工。并在假期,多次在济南东岳汽修厂当实习员工				
专业课程	现代汽车构造、市场营销、计算机				
求职意向	汽车销售				
联系方式	187××××××××				

【评析】

这是一则表格式简历,要求求职者在给定的表格中填写本人相关信息。从简历中可以看出,该求职者作为一名应届毕业生有着较为丰富的社团和实践经验,但作者在处理时太过简单,只是草草介绍了曾经参加的社团和实习的公司名称,而把最为重要的所任职的具体岗位职责、取得的业绩、获得的经验、锻炼的能力等都省略掉了。在专业能力和专业课程方面,应重点介绍与求职意向相关的内容。此外,求职者应当填写自己的多种联系方式,如电话号码、电子邮箱地址、QQ号等。

任务3　撰写求职信

一、求职信概述

求职信是求职者为了让用人单位了解自己、相信自己、录用自己而写的信函,它是一种私人对公并有求于公的信函。求职信是自我形象的书面形式,是求职者进入理想单位的第一块敲门砖,因此需要认真对待。

二、求职信的结构与内容

求职信的写法不必都采用一样的格式,通常情况下,求职信由称呼、问候语、正文、结语和落款等部分组成。

（一）称呼

称呼要写用人单位或用人单位人事部门的全称或规范通告的简称。如"尊敬的领导""尊敬的张处长""尊敬的招聘主管"等。

（二）问候语

求职信的问候语是对收信方表示尊敬和敬意的词语,一般写"您好"即可。

（三）正文

1. 写求职信的理由

招聘信息的来源（报纸广告登载的、人才市场公布的、听他人讲的）、申请目的、加入企业的原因、你要申请什么职位。如"获知贵公司2011年5月6日在《齐鲁晚报》上招聘销售人员的信息后，我寄上简历敬请斟酌。""我近日在××网上获悉贵公司正在招聘技术部项目经理一职，特寄上简历敬请斟酌。"

应写出你对对方单位和应聘岗位的了解。如"昨天在听了您生动的讲解之后，我对贵公司有了初步的了解，同时也对贵公司招聘的营销员有着极大的兴趣。""贵单位所开创的业绩和远大的开拓前景我仰慕已久。深信我会用自己勤勉的汗水与同仁一道为贵公司的锦绣前程奋斗不息，奉献我的年轻的热忱和才智。"

2. 自我介绍

介绍自己的主要情况，如姓名、性别、年龄、身高、身体状况、政治面貌、目前就读的学校或就职的工作单位、专业、能力、特长、学习经历、工作实习经历、主要成就等；说明你适合申请的职位、提出你能为未来的雇主做些什么，而不是他们为你做什么。

3. 简明地提出就职的具体要求

如希望得到的工作岗位、工资报酬、科研经费等。

4. 提出你进一步的行动请求

你可以建议如何进一步联络，表明自己希望加入公司的诚意，礼貌地提出希望参加面试的请求，标明与你联系的最佳方式和预约面试的可能时间范围，留下可以随时联系到你的地址、电话或E-mail等。如"随信附有我的简历、有关证明材料及联系电话，希望在您方便的时候能得到与您面谈的机会。""希望贵公司对我的材料多加考虑。盼望得到您的回音。谢谢！"

当然，如果礼节性的感谢对方花时间浏览简历并对你关注，效果会更好。

（四）结语

一般写"此致""敬礼"即可。

（五）落款

在结语下边隔一行的右下方，写发信人的姓名和日期。

【例文】

求职信

尊敬的公司领导：

您好！首先真诚地感谢您在百忙之中浏览我的求职信。我是山东××职业技术学院2011级计算机科学与技术系计算机系统维护专业即将毕业的一名学生，希望应聘贵公司网络维护员的职位，期待得到您的认可。

在校的三年里，我掌握了扎实的通信技术专业知识，熟悉Office办公软件、数据库（FoxBASE、Visual FoxPro）、C语言、数据结构、组装与维护等。并熟练掌握网页制作（Dreamweaver MX、Flash、Firework）、图形图像处理（Photoshop、CorelDRW 9.0）和平面设计AutoCAD等。我的特长是系统组装与维护、系统故障排除。在校期间我加入了计算机协会，在协会中经常给会员讲课，并获得了许多课本之外的实践经验，同时锻炼了我的组织、沟通能力。此外，我还负责协助老师管理和维护机房，能独立地处理一些计算机的故障。

作为即将走出校园的大学生,我的工作经验尚显浅薄,但请您相信我的干劲与努力将弥补这暂时的不足!

再次感谢您阅读我的自荐书!期待您的回音!

此致

敬礼!

求职人:××
2014 年 3 月 20 日

【例文】

求职信

××大学人事处同志:

您好!我叫王××,女,今年 32 岁。我于 2005 年毕业于××大学新闻学专业,同年赴美国读西方文化史,2007 年获文学硕士学位并翻译出版了《西方文化史话》《西方新闻学》等新闻、文艺理论书籍三本,2007 年至今在美国加州×××公司企划部工作。

虽说我现在从事的工作有优厚的工资待遇,但我向来热衷于东西方的新闻文化史,很想在祖国的大学里传播多年所学心得,并学习东西方新闻文化史。看了贵校刊登在《××日报》上的"高薪延聘启事",我的专长符合贵校要求,我也赞赏贵校创业精神和用人之道,为此我不揣冒昧,向贵校递交我的求职信。贵校如有意,望与我联系。

E-mail:××××@163.com

王××
2015 年 4 月 16 日

【评析】

这是一位在岗求职者为谋求新的工作岗位而向用人单位发出的一封求职信。求职者在求职信中实事求是、客观地介绍自己的年龄、专业、学历等情况,给用人单位完整的印象以推荐的目的,使用人单位意识到正是所需的最佳人选。诚恳、谦虚地向用人单位表达出意欲谋此职的意图,说明其潜能特长,同时道出对该用人单位的创业精神和用人之道的欣赏,几方面的介绍力求博得对方好感,给对方留下好印象。最后表明意欲谋职的意向,并留下 E-mail。这封求职信的精彩在于用语,寥寥数语,既推荐了自我又表明了意愿。简洁明快,体现出求职者的工作能力及内在素质的非同寻常。

写作训练

1. 暑假过后,又一批新生入学。院学生会各部、院各协会社团纷纷招兵买马。请你按"招聘启事"的一般要求,为学生会某部,或某社团撰写一则招聘启事,岗位职责、应聘条件、招聘方式、面试时间等自拟。

2. 王大朋同学于 5 月 8 日下午在全民健身中心打羽毛球时,把黑色皮夹遗落在场地,内有若干卡及现金,被××同学捡到并上交健身中心前台。请按以上内容,分别以王大朋、全民健身中心的名义各写一则"寻物启事""招领启事"。

3. 根据本学院应届毕业生招聘会上招聘的相关岗位,拟写一份自荐信。

情境迁移

情境一：毕业后你进入××公司的人事部门工作，当公司需要招聘新员工时，你将根据每个岗位的职责、要求，撰写招聘启事。

情境二：工作几年后，你有了一定的工作经验，想为自己寻找一个更好的发展平台。这时，一份完美的简历是必不可少的，请斟酌后写一份吧。

知识拓展

推荐信

一、推荐信概述

1. 概念

推荐信是单位或个人向其他单位或个人推荐人或物，以便对方采纳的事务性信函。

2. 特点

写推荐信要求推荐人对被推荐人的情况十分熟悉，用语客观公允，不作过分溢美之辞，不应面面俱到，但要有充分的推荐理由，最好是以具体事例来证明推荐理由。

3. 分类

根据写信人的身份，可分为组织推荐信和个人推荐信。

根据出具推荐一方的情况，可以分为学校为毕业生出具的推荐信，老师为学生出具的推荐信，雇主为雇员出具的推荐信，主管为职员出具的推荐信。

根据推荐的内容，可以分为推荐就业的推荐信、推荐入党的推荐信、推荐进入研究机构的推荐信、推荐参加某个项目的推荐信。

二、结构和内容

推荐信一般由标题、称呼、问候语、正文、敬辞、落款几个部分组成。

1. 标题

第一行居中写"推荐信"。

2. 称呼

第二行顶格写收信单位或个人的称谓。

3. 问候语

另起一行空两格，写上问候语。

4. 正文

这是推荐信的主要部分，一定要具体陈述被推荐者的基本情况和值得推荐的理由。一般应包括下列内容：

（1）开头。

概述背景，表明推荐意向，说明来信意图。

（2）中段。

首先，应详细介绍被推荐者的基本情况，如姓名、性别、年龄、毕业学校、专业、职称、职务等。

接着，重点介绍值得推荐的理由和事实，力求理由充分、层次分明。如被推荐者的工作经历、业务专长、工作业绩,适合什么岗位的工作等。

(3) 结尾。

结尾再次表达自己希望办成此事的愿望。

5. 敬辞

敬辞即推荐信末尾的祝颂语,表祝福之意。敬辞一般写上"此致敬礼"即可。

6. 落款

落款处除写上推荐人的姓名外,还应写上推荐者的职衔和联系方式等。

三、写作要求

(1) 尊重事实,客观推荐。

(2) 资料交待清楚,推荐意向明确。

(3) 详略得当,讲重点,无需面面俱到。

(4) 语言简洁得体,态度诚恳。不能使用命令、指示的证据讲话。篇幅应短小精悍。

【例文】

推荐信

××大学人事处负责同志:

    您好!

    得知贵院正需一名文艺学专业的教师,我很高兴有机会向您推荐××大学博士生刘强同志。

    刘强同志2005年本科毕业于××大学文学院,毕业后一直从事文艺学研究。2007年考入××大学文学院攻读文艺学硕士学位,2010年继续攻读文艺学博士学位。在此期间,刘强同志在核心期刊发表了三篇专业论文。

    刘强同志不仅能安心读书做学问,在专业方面取得出色的成绩,而且热爱三尺讲台。博士在读期间,他曾多次为本科生同学讲课,并善于把高深抽象的理论知识深入浅出地表述出来,很受学生们的欢迎。

    刘强同志将于今年6月毕业,他希望获得贵校的这一职位,我个人认为他是可以胜任这一职位的。

    如果您需要有关刘强同志更详细的材料,我将愿意提供。

    此致

敬礼!

××大学教授、博士生导师:×××
2013年4月11日

项目八　运用法律维权

情境导入

毕业后你与某企业签订了三年的聘用合同。两年半后，企业因减员增效与你解除合同，按照《中华人民共和国劳动合同法》的规定，你要求用人单位按工作每满一年发给解聘人员相当于一个月工资的经济补偿金，工作不满一年的按一年发，你应得三个月的工资补偿，企业不同意。为了维护自己的合法权益，你曾向劳动仲裁机构提出争议仲裁，但企业不予执行。现在你需要运用所学法律知识，向法院提起诉讼。

项目架构

1．针对法律纠纷，起草起诉书、上诉书；
2．针对法律纠纷，会运用所学知识，与相关人士，进行答辩状的沟通；
3．根据现实需要，撰写委托书。

重点难点

教学重点：明确起诉状、上诉状与答辩状的结构、分类及基本内容；掌握委托书的写作。
教学难点：区分上诉状与起诉状、申诉状、答辩状的不同。

学习内容

本项目所涉及的应用文种有：起诉状、上诉状、答辩状和委托书。

任务 1　撰写起诉状

一、起诉状概述

（一）起诉状的含义

起诉状是指一方当事人为维护或者实现自身的权益，依法向人民法院提出诉讼请求，并陈诉有关事实和理由，或者另一方当事人针对一方当事人的诉讼请求和理由提出抗辩的法律文书。

（二）起诉状的分类

根据所适用的不同性质的诉讼程序，可分为民事起诉状、刑事自诉状、行政起诉状。

1．民事起诉状
（1）民事起诉状的概念。
民事起诉状是指公民、法人或其他组织，在认为自己的合法权益受到侵害，或者与他人发生争议时，或者需要确权时，向人民法院提交请求，人民法院依法裁判的法律文书。
（2）起诉的条件。
《中华人民共和国民事诉讼法》第一百一十九条规定，起诉必须符合下列条件：

1）原告是与本案有直接利害关系的公民、法人和其他组织；
2）有明确的被告；
3）有具体的诉讼请求和事实、理由；
4）属于人民法院受理民事诉讼的范围和受诉人民法院管辖。

2. 刑事自诉状

（1）刑事自诉状的概念。

刑事自诉状是刑事自诉案件的被害人，或者他的法定代理人，为追究被告人的刑事责任，直接向人民法院提起诉讼时所使用的法律文书。根据《中华人民共和国刑事诉讼法》第十八条第三款的规定，自诉案件由人民法院直接受理。

（2）刑事自诉案的适用范围。

根据《中华人民共和国刑事诉讼法》第一百七十条规定："自诉案件包括下列案件：

1）告诉才处理的案件；
2）被害人有证据证明的轻微刑事案件；
3）被害人有证据对被告人侵犯自己人身、财产权利的行为应当追究刑事责任，而公安机关或者人民检察院不予追究被告人刑事责任的案件。"

凡属上述法律规定范围以内的刑事案件，被害人或是他的法定代理人都有权向人民法院提出刑事自诉状，请求人民法院受理，并在依法审理后做出公正裁决。

3. 行政起诉状

（1）行政起诉状的概念。

行政起诉状即公民、法人或者其他组织不服从行政机关的具体行政行为，而向人民法院提起诉讼的书面请求。

（2）行政起诉状的特点。

1）起因的单一性。

行政起诉引起争议的对象专指国家行政机关或其工作人员的具体行政行为，其他的不能提起行政诉讼。

2）起诉权的专属性。

起诉人即原告，专指受国家行政机关或其工作人员具体行政行为侵害的公民、法人或其他组织，被告的国家行政机关不能提出起诉。

3）起诉程序的规范性。

行政诉讼的起诉有两种程序：一种是申请行政复议，对复议决定不服才向人民法院起诉；另一种是原告直接向人民法院起诉。

二、起诉状的结构和内容

起诉状分为首部、正文和尾部三部分。

（一）民事起诉状的结构和内容

1. 首部

首部包括标题和当事人的基本情况。

（1）标题。

标题位于文书上部，正中位置写"民事起诉书"。

（2）当事人基本情况。

在原告和被告栏目内，分别写明原告和被告的姓名、性别、年龄、民族、籍贯、文化程度、职业和住址。当事人的书写程序是：

- 原告：有几个依次写几个。原告如有代理人，就写在那个原告的下一行。
- 被告：有几个（按责任大小的顺序）依次写几个。

原、被告如果是企事业单位、机关、团体时，就在原、被告栏内写明单位名称、地址，再写法定代表人姓名、职务。有委托代理人的，注明委托代理人姓名、单位和职务。

2. 正文

正文是民事起诉书的主要部分，包括请求事项、事实和理由。

（1）请求事项。

请求事项即诉讼请求，要简明扼要地写出请求法院解决的有关民事权益争议的具体问题，也就是案由。如请求赔偿、偿还债务、履行合同等。

（2）事实。

事实即双方争议的具体问题，要把争议的起因、经过、现状，特别是争议的焦点，要写得具体清楚。叙述案情时，必须实事求是，如实反映案件事实，叙事要明确，与争议事实有直接关系的事实，要详细叙述明白，与案件事实关系不大的，但又必须交待清楚的，可以简要概括。

（3）理由。

理由即诉讼请求的根据，主要是列举证据，说明证据来源、证人姓名和住址，同时根据事实，依照法律有关规定，分析论证。

总之，写正文部分时要注意以下问题：

1）请求目的必须明确具体；
2）提出的要求合情、合理、合法；
3）写事实和理由时，着重写争议的焦点和实质性重点，阐明因果关系；
4）写过程时，尽量概括，力避拖沓、空洞；
5）分析必须有根据，引用法律必须准确。

3. 尾部

尾部内容包括：

（1）致送人民法院的名称；

（2）起诉人签名（或盖章）并注明年、月、日；

（3）附件。写明所附民事起诉状的副本份数及其他证据情况（证据的种类、名称、数量以及证人的姓名、住址等）。

（二）刑事自诉状的结构和内容

1. 首部

首部包括标题和当事人的基本情况。

（1）标题。

标题位于文书上部，在正中位置写"刑事自诉状"。

（2）当事人基本情况。

当事人基本情况包括自诉人与被告人的姓名、年龄、民族、籍贯、文化程度、职业、工作单位、住址、电话、邮政编码等。如果自诉人已经委托了诉讼代理人，还应写明诉讼代理人的有关情况。

2. 正文

正文是刑事自诉状的核心部分，包括以下几项内容：

（1）诉讼请求。

具体写明被告人侵犯自诉人合法权益的行为性质以及在法律上所构成的罪名，向人民法院提出追究被告人刑事责任的具体请求。

（2）事实与理由。

着重阐述被告人犯罪行为的具体内容，包括犯罪行为发生的时间、地点、犯罪手段、情节和危害后果等，以及可以证明被告人犯罪事实的证据，并援引刑法有关规定对被告人的犯罪性质和应当承担的刑事责任加以论证，说明自诉人提起自诉的合法性。

（3）证据部分。

对证据、证人名单以列举的方式逐个写清，以便人民法院查证核实。

3. 尾部

尾部内容包括：

（1）致送人民法院的名称；

（2）自诉人签名（或盖章）并注明年、月、日；

（3）附件。写明所附刑事自诉状的副本份数及其他证据情况。

（三）行政起诉状的结构和内容

1. 首部

首部由标题和当事人基本情况构成。

（1）标题。

标题位于文书的上部，在正中位置写"行政起诉状"。

（2）当事人基本情况。

分别写明原告和被告的有关情况。原告要写明姓名、性别、年龄、民族、籍贯、地址等情况，由于人民法院对受理的行政诉讼案有管辖的范围，被告栏要写明被告机关或组织的全称、地址，以及其法定代表人或负责人的姓名、职务。

2. 正文

正文是行政起诉状的核心内容，其具体内容和写法另作论述。正文内容包括三项：诉讼请求、事实与理由、证据和证据来源及证人的姓名、地址。

（1）诉讼请求。

诉讼请求是正文的第一项内容，即原告提起行政诉讼要解决的问题或要达到的目的。根据行政案件的特点，原告所提出的诉讼请求主要有：部分或全部撤销处罚决定；变更处罚决定；提出赔偿损失等。诉讼请求要表述明确具体。原告可以针对被告具体行政行为的性质以及自己的权益受损害的程度，依法提出恰如其分的请求。

（2）事实与理由。

这部分要写清楚提出诉讼请求的事实根据和法律依据。

事实是人民法院审理案件的依据，起诉状必须写明被告侵犯起诉人合法权益的事实经过、原因及造成的结果，指出行政争议的焦点。如果是经过行政复议后不服，提出起诉的，还要写清楚复议行政机关做出复议决定的过程和结果。

理由是在叙述事实的基础上，依据法律法规进行分析，论证诉讼请求的合理合法。例如，对被告侵犯起诉人人身权和财产权的案件，原告要着重论述被告实施的具体行政行为所依据的事实不真实、证据不充分；或者违反了法定程序，所适用的法律有错误；或者被告纯属超越职权范围、滥用职权的行为；或者该行政处罚过重，侵害了原告正当权益等。其理由应根据案件的不同而有所侧重，但引用法律、法规条文必须准确，理由务必充分。

（3）证据和证据来源、证人姓名和住址。

这部分内容要求原告就诉讼请求、列举的事实、阐述的理由所举之证据进行叙述时，应当详细、分明，以便人民法院在办案过程中核对查实。

3. 尾部

尾部内容包括：

（1）致送人民法院的名称。

（2）起诉人签名（或盖章）并注明年、月、日。

（3）附件。写明所附行政起诉状的副本份数及其他证据情况。

【例文】

民事起诉状

原告：王××，男，住×市×区×街×号，电话：××××××××

被告：张××，男，住×市×区×街×号，电话：××××××××

诉讼请求：

1. 依法判决被告支付原告租金60307.7元及利息（暂计至2009年12月，共6个月）。
2. 依法判决被告支付原告违约金32000元。
3. 依法判决原告不返还被告保证金32000元。
4. 本案所有诉讼费由被告承担。

事实与理由：

2007年1月29日，原告与被告签订了一份房屋租赁合同，合同约定租赁期限从2007年2月5日至2011年2月5日，月租金16000元，每月5日前交付当月的租金。被告向原告支付两个月租金32000元作为保证金，若被告拖延交租超过5天，原告有权解除合同并没收保证金。合同同时约定若一方违约，则应向另一方支付违约金32000元。合同签订后，原告体谅被告的困难，曾多次减租给予被告方便，但是被告从2007年10月开始拖欠原告租金共计60307.7元。原告向被告多次催交租金未果后，为了维护自己的合法权益，于6月8日向被告发出律师函，要求被告支付租金，但是，被告至今仍然没有支付拖欠的租金。

综上所述，原告认为，原告与被告之间的房屋租赁合同是合法有效的，原告向被告提供符合合同要求的房屋，被告理应依约及时向原告支付租金。但是，被告却无理拒不支付租金至今，致使原告合同目的无法实现。为了维护原告的合法权益，原告只好诉至法院，请求法院依法判决。

此致

××市人民法院

起诉人：王××

××年××月××日

【评析】

这份租赁纠纷民事起诉状基本符合民事起诉状的写作要求。诉讼请求写得明确、具体、简明扼要，纠纷发生的起因交代明晰，列举的理由充分，有充分的法律依据，诉求合理合法。

【例文】

刑事自诉状

自诉人：陈××，女，27岁，汉，××省××县人，××县××厂工人，住××县××厂3号宿舍40号。邮政编码：　　　联系方式：

被告人：胡××，男，30岁，汉，××省××县人，××市××局干部，住××市××局集体宿舍406号。

案由和诉讼请求：

被告人胡××犯重婚罪。请求人民法院依照《中华人民共和国刑法》第180条之规定追究胡××的刑事责任。

事实与理由：

我与胡××自幼相识，2006年建立恋爱关系，并于2007年春节结婚，婚后感情较好，2010年2月生一女。

2010年4月，胡××被调到××市××局工作，不久即隐瞒已有妻、女的事实，与该局干部林××（女，26岁）恋爱。为了得到与林××结婚的目的，胡××多次在他的来信中编造谎言欺骗我。2011年5月，我到××市找胡协商，恰好胡被局里派到广西出差，经向其同事了解，证实胡所说纯系谎言。同年6月10日，胡回来休假，我对其编造谎言进行欺骗一事给予批评，胡见我识破诡计，竟然恼羞成怒，对我拳打脚踢，致使我全身多处受伤，后被邻居拉开。第二天早上，胡××在家中再次对我殴打，然后返回××市。此后，胡××不再来信，也不给付女儿的抚养费用。

据了解，胡××于2010年9月骗取单位结婚登记介绍信，并与林××在××市××区××街道办事处正式办理了结婚登记手续。

上述事实，有各种书证、证人证言为证。

综上所述，被告人胡××为了达到与他人结婚的目的，先用谎言进行欺骗，被识破后又不择手段，骗取单位结婚登记介绍信，与林××登记结婚。胡××的行为已经触犯了《中华人民共和国刑法》第180条的规定，构成重婚罪，应当依法追究其刑事责任。为此，特根据《中华人民共和国诉讼法》第170条之规定，向你院起诉，请依法判处。

证人姓名和住所、其他证据和证据来源：

1. 胡××信件4封；
2. ××市××区××街道办事处婚姻登记办公室证明材料一份；
3. 证人刘××，××市××局办公室干部；
4. 证人周××，陈××，住××县××厂宿舍3排43号。

此致

××市××区人民法院

自诉人：陈××
××年××月××日

【评析】

这份刑事自诉状写得合乎规范，事实部分表述清楚，将被告人犯有重婚罪的始末缘由进行了概括，重点突出，在此基础上引用法律，自然具有很强的控告力。

【例文】

行政起诉状

原告：张××，男，出生年月：1975年9月14日，民族：汉，籍贯：××，职业：公务员，工作单位：××区工商局，住址：××区东门路1-2-1-201，电话：

被告：××市公安局交通警察支队二大队，电话：

诉讼请求：

1. 撤销被告做出的0115120号公安交通管理简易程序处理决定书；
2. 责令被告就其工作人员的行为向原告道歉；
3. 本案诉讼费用由被告承担。

事实和理由：

2013年元月23日，原告驾两轮摩托车到区国税局（××区长安大道）接妻子。其时几名着公安制式服装但未配带警徽、警号及肩章等警察标志的男子在国税局门前"执法"。原告返回时因天气寒冷，将头盔取下交由妻子配戴，自己则戴着羽绒服帽子。可刚上路时就被"曹某"（未表明身份，文书上署名姓曹）拦下。在查看了原告的摩托车手续后，"曹某"抬手就去撕扯原告的帽子，说不喜欢别人戴着帽子与之说话。原告就其无礼行为提出质疑，双方发生口角。僵持一段时间后，"曹某"拿出一本简易告知书说，只要原告"留下大名"就可以"放一马"。原告为了尽快脱身，迫于无奈，草草浏览文书见并无罚款，以为只是警告了事就签了名。"曹某"扯下第二联塞给原告后随即离去。在整个过程中，"曹某"一直未表明身份且态度恶劣，动作粗暴无礼，更未出示执法证件，其行为完全偏离了一个执法人员所应该具备的基本行为准则。原告回家之后发现告知书上陈述其在淦河大道实施违法行为，并且用黑色钢笔虚填罚款50元。

2013年3月11日，原告以情节轻微、事实不清、程序不合法为由向市交警支队申请行政复议，市交警支队程序科工作人员先是不肯受理，表示从未受理过这类复议，接着劝原告算了，免得以后交警"盯着搞"，说曹某当时未出示执法证原因在于原告未要求其亮证，并说程序不合法是交警的事，不影响对原告的罚款。在原告的一再要求下，交警支队受理了复议。2013年4月下旬，原告接到支队通知说复议结果已出来，要原告去拿。原告于2013年4月25日到支队时又被告知，因程序科陈科长出差，公章不在，到"五·一"后再说。2013年5月13日，原告终于收到交警支队复议决定书，复议决定书中避重就轻地表述原告的复议理由是"认为情节轻微"，并认定该案事实清楚，程序合法，做出维持原处罚的复议决定。

在整个事件过程中，被告倚仗其强势地位，践踏人权，蔑视法律，其工作人员所表现出来的极端不负责任的官僚作风令原告深感不解和震惊。原告认为，被告所做出的0115120号公安交通管理简易程序处理决定极其不当，理由有三：

一、《中华人民共和国行政处罚法》第三十四条第一款规定，"执法人员当场做出行政处罚决定的，应当向当事人出示执法证件"。《中华人民共和国道路交通安全法》第七十九条也规定"交通警察实施道路交通安全管理，应当依据法定的职权和程序"进行。被告工作人员"曹某"在整个执法过程中既没有出示执法证件，也没有表明身份。本案中执法实施者与署名是否是同一人、其有无执法资格到现在尚是疑问。同时,"曹某"严重违反行政处罚告知程序,不但剥夺了原告的陈述、申辩权利,更是虚填处罚金额,骗取原告的签字,其行为令人不齿。《中华人民共和国行政处罚法》第三条第二款明确规定,"没有法定依据或不遵守法定程序的,行政处罚无效"。第四十一条规定,"行政机关及其执法人员在做出行政处罚决定之前,不依据本法第三十一条、第三十二条的规定向当事人告知给予行政处罚的事实、理由和依据,或者拒绝听取当事人的陈述、申辩,行政处罚决定不能成立"。由此可见,被告严重违反法定程序做出的行政处罚是无效的,应予撤销。

二、2013年3月23日,原告一直未离开过城区,更未到过淦河大道。0115120号公安交通管理简易程序处理决定书中陈述原告在"淦河大道实施违法行为"完全是无中生有。《中华人民共和国行政处罚法》第三十条规定,"违法事实不清的,不得给予行政处罚"。被告以虚构的违法事实对原告进行处罚,理应撤销。

三、原告到区国税局接妻子时,"曹某"等人在区国税局门前"执法","曹某"看着原告驾摩托车驶上公路,之间行驶距离不过十余米。遭到"曹某"非法检查后原告立即戴回了头盔,事实情节实在轻微,而原告的行为也未造成任何危害后果,完全符合《中华人民共和国道路交通安全法》第八十七条"对于情节轻微,未影响道路通行的,指出违法行为,给予口头警告后放行"和《中华人民共和国行政处罚法》第二十七条"违法行为轻微并及时纠正,没有造成危害后果的,不予行政处罚"的规定。

综上所述,原告认为被告做出的行政处罚在程序实施上严重违法,在事实调查中无中生有,在情节认定上处理过当,完全背离了行政处罚所应遵循的公平、公正的基本原则,必须予以撤销。

此致
××区人民法院

起诉人:张××
××年××月××日

附件:
1. 本诉状副本1份。
2. 行政处理决定书1份。
3. 其他材料3份。

(资料来源:http://www.chinalawedu.com 稍作改动)

【评析】

这份行政起诉状项目齐全,陈述事实详细,阐明的理由清晰明白,符合行政起诉状的基本要求。

任务2 编写答辩状

一、答辩状概述

(一)答辩状的概念

答辩状就是被告和被上诉人针对起诉的事实和理由,或上诉的请求和理由,进行回答和辩解的文书。

（二）答辩状的分类

答辩状是与诉讼状、上诉状相对应的文书，根据审判程序可分为：

一审程序中的答辩状，是被告针对原告的诉状提出的；

二审程序中的答辩状，是被上诉人针对上诉人的上诉状提出来的。

根据法律适用的范围，答辩状可分为：民事答辩状、刑事答辩状和行政答辩状。

二、答辩状的结构和内容

答辩状由首部、正文、尾部三部分组成。

（一）首部

首部包括标题和答辩人的基本情况。

1. 标题

在文书上部，居中，写明"刑事、行政（或民事）答辩状"或"刑事、行政（或民事）被上诉答辩状"。前者为第一审案件答辩状，后者为上诉案件答辩状。

2. 答辩人的基本情况

当事人栏目，直接列写答辩人的基本情况。

被告人是公民的，就列写答辩人姓名、性别、年龄、民族、籍贯、职业和住址等内容。有代理人的，另起一行列写代理人，标明是法定代理人、指定代理人、还是委托代理人，并写明其姓名、性别、年龄、民族、籍贯、职业和住址。如果是法定代理人，还要写明他与答辩人的关系。如委托律师代理，只写明其姓名和职务。

被告人是企事业单位、机关、团体（法人）的，先列写答辩人及其单位全称和所在地。另起一行列写该单位的法定代表人及其姓名、职务、电话等内容。再另起一行，列写委托代理人及其姓名、职务。

对方当事人的情况不用单独列写，可在下面的答辩理由（中）说明起诉人和上诉人是谁，起诉或上诉的案由是什么。

（二）正文

正文包括答辩事由、答辩理由及诉讼请求。

1. 答辩事由

第一审案件答辩状和上诉案件答辩状其事由的写法不同。现分别说明如下：

第一审案件答辩人是被告人，答辩事由的具体行文为："因××（案由）一案，现提出答辩如下："。

上诉案件答辩状的答辩人是被上诉人，答辩状具体行文为："上诉人×××（姓名）因××（案由）一案不服×××人民法院××年×月×日×字第×号×事判决（或裁定），提起上诉，现提出答辩如下："

2. 答辩理由

答辩理由是答辩状的主体部分，写法没有统一的规定，一定要针对原告在诉状中提出的事实和理由，或上诉人在上诉状中提出的上诉请求和理由进行答辩，并可提出相反的事实、证据和理由，以证明自己的理由和观点是正确的，提出的要求是合理的。

3. 诉讼请求

在完成事实、法律方面的答辩之后，提出自己的答辩主张，即对原告诉状中的请求是完全不接受，还是部分不接受，并对本案的处理依法提出自己的主张，请求法院裁判时予以考虑。

（三）尾部

尾部包括三项内容。

（1）致送人民法院的名称；

（2）答辩人签名（或盖章）并注明年、月、日；

（3）附件。写明所附答辩状的副本份数及其他证据情况。

三、答辩状的写作要求

1. 要尊重客观事实

诉讼案件的案情往往比较复杂，之所以诉诸法院，往往争议分歧也较大。因此，尊重纠纷的客观事实，如实地、全面地反映案情，是答辩人帮助法院分清是非曲直，依法断案的前提和基础。

2. 要有鲜明的针对性

被告或被上诉人在答辩状中，要特别注意对原告或上诉人在起诉状或上诉状中提出的诉讼请求、事实、理由及根据，明确写出自己承认哪些，否认哪些，否认的理由和根据是什么。对起诉状或上诉状中的无理之处进行反驳，并提出自己的理由、证据及具体要求。

3. 要紧扣争议的焦点来答辩

答辩状既然是针对起诉状或上诉状来回答的辩驳，应当根据双方当事人在纠纷中的争议焦点，以事实和证据为根据，以法律为准绳，来反驳原告或上诉人关于实体权利的请求，而不能回避焦点，纠缠枝节，或面面俱到，赘述案情，不得要领。

4. 运用反驳和立论的方法

反驳的运用，其目的是使对方败诉。其步骤是：

第一步，先抓住对方在诉状、上诉状中所陈述的错误事实，或所引用法律上的错误，作为反驳的论点；

第二步，由被告人、被上诉人列举出事实与证据，作为反驳诉讼请求的论据；

第三步，运用逻辑推理论证。运用反驳方法时，要尊重事实，抓住关键，尖锐犀利。

立论方法的运用，目的是提出自己的主张。其步骤是：

第一步，从整个事实中经过归纳，提炼出答辩人的观点；

第二步，提出法律根据，举出客观证据，列出事实凭据作为立论的论据；

第三步，经分析论证，得出结论。

【例文】

民事答辩状

答辩人：林××，男，生于19××年3月3日，汉族，湖北××人，××村村民。

答辩人：林××，女，生于19××年3月4日，汉族，湖北××人，××村村民。

委托代理人：韩××，湖北××律师事务所律师。

委托代理人：夏××，湖北××律师事务所实习律师。

答辩人因原告余××等七人提起承包地征收补偿款分配纠纷诉讼一案，现答辩如下：

原告起诉的内容不符合客观事实，于法无据，完全是荒唐可笑的无理要求。

第一，原告所指土地补偿费、土地安置补助费不属于原告父母的遗产，原告要求按遗产进行继承于法无据。原告所指土地补偿费、安置补助费，××县绕城北线工程建设指挥部已明确说明是征用了答辩人母亲的承包地后，按国家政策规定发给答辩人母亲的征地补偿费，由于答辩人母亲已丧失民事行为能力，该款由承包地的共有人即答辩人领取，这笔补偿款根本就不属于原告父母的遗产。根据《中华人民共和国继承法》第三条关于遗产范围的规定，很显然，土地补偿费、土地安置补助费并未包含在遗产范围之内。因此，原告不能对该笔款项作为其父母的遗产要求进行分割。

第二，答辩人作为被告的诉讼主体不适合。在本案被确定为承包地征收补偿款分配纠纷的情况下，答辩人按政策规定领取其应得的补偿款，是合法行使权利的行为，并未侵犯他人利益。如果原告对土地补偿费、安置补助费的分配有异议，应该向政策的制定及执行者××县绕城北线工程建设指挥部提出，答辩人不应负任何法律责任。

第三，原告不拥有诉状中所指土地承包经营权，不能享有该宗土地征收补偿款的分配权。原告的父亲死亡之时，各原告早已出嫁，分门立户，已不再是这个承包家庭户的一员，留下的承包地已由另外两个家庭成员即答辩人父母继续承包，并获取承包土地的收益，原告没有获得该宗土地的承包经营权。而答辩人与其父母一直居住在该地，对本家庭户的承包土地存在实际使用、收益，并在2005年第二轮土地延包时取得了本家庭户全部承包土地的承包经营权，是该块土地的合法承包经营人。这一点××村委会及一组村民均予以证明。因此，只有答辩人及其母亲才完全享有本案中所指土地的承包经营权和土地征用补偿费的分配权，而原告则没有相应的权利。

第四，原告不是××村村民，不具备诉状中所指土地的承包经营主体资格。《中华人民共和国土地管理法》第十四条规定：农民集体所有的土地由本集体经济组织的成员承包经营，从事种植业、林业、畜牧业、渔业生产。土地承包经营期限为30年。发包方和承包方订立承包合同，约定双方的权利义务，承包经营土地的农民有保护和按照合同约定的用途合理利用土地的义务。农民的土地承包经营权受法律保护。这就是说，只有具有集体经济组织成员资格的人才可以承包集体所有的土地。本案中，各原告年长的已78岁，年轻的也已56岁，早已出嫁离开××村，有的已经取得其他经济组织成员资格，有的已是非农业户口，被纳入了国家社会保障体系，都没有××村的户籍，已失去该组村民资格，因此，不能享有该组土地征收补偿费用的分配权。

综上所述，答辩人的所有行为均为正当行使权利的行为，没有对他人任何权利的侵害。原告诉状中所指土地补偿款不是原告父母的遗产，原告既不拥有该宗土地的承包经营权，也没有对该宗土地进行实际使用和收益的权利，原告的诉求于法无据，纯属无理要求。请求人民法院查明事实，秉公处理，以维护答辩人的合法权益。

此致

××县人民法院

答辩人：林×× 林××

××年××月××日

附件：

1. 本状副本一份
2. 证明材料两份

（资料来源：http://www.fcabc.net 稍作改动）

【评析】

这是一份关于承包地征收补偿款分配纠纷的答辩状，其格式和内容符合答辩状的写作要求。本答辩状能有的放矢地针对原告提出的事实和理由进行答辩，以证明自己的行为是行使正当权利，没有侵害他人的任何权利，反驳了原告不符的事实，有理有据，辩驳有力。

【病文诊断】

劳动合同纠纷答辩状

答辩人：××，住所：××

法定代表人：××

被答辩人：××，住所：××

答辩人因被答辩人××劳动争议纠纷一案，提出如下答辩：

一、被答辩人所称与答辩人在05年4月7日至09年6月15日期间存在劳动关系没有事实依据。（可从两方面来说，一是，从网上记录信息得知，××是从06年4月1日才正式开始在公司上班，而不是其所称的05年4月7日；二是，据仲裁申请书中××所述，其06年所签合同与07年所签合同都已经遗失，是否可以据此认为其与公司之间这两年内不存在劳动关系？）

二、被答辩人要求经济补偿金5400元无法律依据。××其打架行为已严重违反我公司规章制度，根据《劳动合同法》第39条和第46条的规定，公司可以依法与其解除劳动合同，而不必给予经济补偿金。

三、被答辩人要求我方支付其养老保险金与失业保险金无法律依据。其一，根据《劳动法》《劳动合同法》《社会保险费征缴暂行条例》的规定，劳动者与用人单位必须依法向社保机构缴纳社会保险，被答辩人要求答辩人向其支付无任何法律依据。其二，领取养老保险金与失业保险金需要具备一定条件才可以，而被答辩人的条件尚不具备领取资格。

四、被答辩人要求公司支付养老保险金与失业保险金数额无事实根据，根据××省社保部门的规定，企业为员工缴纳养老保险的比例是20%，缴纳失业保险的比例为2%，如果从06年4月1日开始计算，答辩人应缴纳养老保险金为9090元，缴纳失业保险金为909元；如果从08年1月1日开始计算，答辩人应缴纳养老保险金为5490元，失业保险金为549元。

五、被答辩人要求我方支付迟延赔偿金5000元无事实根据与法律依据。

综上所述，被答辩人的诉讼请求无事实根据与法律依据，请人民法院公正审理，依法判决，维护答辩人的合法权益。

此致

××人民法院

答辩人：××

××年××月××日

（资料来源：http://blog.sina.com）

【评析】

该答辩书的答辩人和被答辩人的信息表述不够全面，仅列出了姓名、住所信息。答辩陈述内容也过于简单，没有列明法律依据，不能有效反驳原告提出的事实和理由。

任务3　提交上诉状

一、上诉状概述

1. 上诉状的概念

上诉状是民事、行政或刑事案件的当事人对地方各级人民法院做出的第一审民事、行政或刑事判决或裁定不服，按照法定的程序和期限，向上一级人民法院提起上诉时使用的文书。

2. 上诉的条件

（1）上诉人和被上诉人必须合格。

第一审程序的当事人，包括原告、被告、第三人都有权提起上诉。一审裁判后，当事人均提起上诉的，上诉各方均为上诉人；当事人一方提起上诉的，该当事人为上诉人，未提起上诉的对方当事人为被上诉人；共同诉讼中的共同诉讼人只有一人或一部分人上诉的，提起上诉的人为上诉人，未提起上诉的本方当事人仍处于原审诉讼地位，对方当事人为被上诉人。

（2）上诉必须是对一审未发生法律效力的裁判而提起，对已经发生法律效力的裁判，不能提起上诉。

（3）上诉必须在法定期限内提起。

当事人不服一审民事、行政判决上诉期限为15日；不服民事、行政裁定的上诉期限为10日；不服刑事判决的上诉和抗诉期限为10日；逾期不提起上诉的，即丧失上诉权。

（4）上诉必须向上一级人民法院提起，而不能越级提起上诉。

上诉必须递交上诉状并缴纳上诉费。上诉不同于起诉，除刑事案件的上诉外，其他上诉必须用书面形式，而不能用口头形式。

3. 上诉状的分类

根据案件性质的不同，可分为民事上诉状、刑事上诉状、行政上诉状。

4. 上诉状与起诉状的区别

（1）目的不同。

起诉状的目的是提起诉讼请求，目的是启动审判程序；上诉状是不服一审判决而请求进行再审（二审）的文书，目的是启动二审程序。

（2）指向不同。

起诉状是针对自身权益（案件）本身；上诉状主要针对的是一审的判决或裁定。

（3）受理机关不同。

起诉状一般向基层人民法院提交，上诉状向原审人民法院的上一级人民法院提交。

（4）处理程序不同。

起诉状由受理人民法院进行审理，依法做出判决、裁定，上诉状必须由上诉人民法院进行二次审理，依法做出终审判决、裁定。

二、上诉状的结构和内容

上诉状由首部、正文、尾部三部分组成。

（一）首部

首部包括标题和当事人的基本情况。

1. 标题

标题在文书上部，居中，写明"×事上诉状"。

2. 当事人的基本情况

同起诉状一样，写出八个要素。但需注意两点：

一是在上诉人和被上诉人之后要注明在原审中的地位，并用括号括住。如上诉人（原审原告人或原审被告人）：张××，男，××岁……；被上诉人（原审被告人或原审原告人）：蔡××，男，××岁……。

二是民事案件和刑事自诉案件中的原告和被告，自诉人和被告人，谁提出上诉，另一方就是被上诉人。

（二）正文

正文包括案由、上诉的请求和理由。

1. 案由

一般用下列程式语句："上诉人因××一案，不服××人民法院×年×月×日××字第××号的民（或刑）事判决（或裁定），现提出上诉。上诉的请求和理由如下："由此引出上诉的理由和请求。

2. 上诉的请求和理由

这是上诉状的中心内容，因为上诉状重点是讲清上诉的理由，也就是说，要针对原审判决、裁定中的不当之处提出不服的理由。这部分的写作要考虑三个方面：

（1）关于对事实的认定。

如果原审裁决在事实的认定上有错误，包括某种行为事实根本不存在，或有重大出入，或缺乏证据等，那就要用确凿的证据说明事实真相，全部或部分地否定原审裁决认定的事实。

（2）关于定性、裁决和适用法律。

如果原审裁决在认定事实方面没出入，而是在认定案件性质、确定罪名以及适用法律作出的处理有误，那就要运用法律武器，包括从法律理论上的论证和引用具体的法律依据，指明原审裁决在适用法律方面的错误。

（3）关于诉讼程序问题。

如果原审法院在审理案件和最后裁决中，存在违反诉讼程序的错误，包括是否应当回避，是否应指定辩护人，审判方式是否公开，审判组织是否合法等，也应根据有关法律规定，指出其错误。在阐明了上诉理由的基础上提出具体的诉讼请求。如请求二审撤销、变更原裁决，或请求重新审理等。

理由的具体写法，有的先把原判决书（或裁定书）中不妥或错误的原话引出来，有的把原裁决不妥或错误之处概括成一段话，然后有针对性地陈述理由，予以反驳。有的以讲述理由为主；结合着指明原审裁决的不当之处。

（三）尾部

上诉状的结尾包括内容：

（1）呈文或呈转机关。

上诉状写好后，可以直接递交二审法院，也可以通过原审法院转交上一级人民法院。如果是前者，就写"此致××人民法院"，如果是后者，就写"×××人民法院（原审法院）转送××人民法院（二审法院）"。

（2）上诉人签名盖章并注明年、月、日。

（3）附件。写明所附上诉状的副本份数及其他证据情况。

【例文】

民事上诉状

上诉人（一审被告）：魏某某，女，1964年3月17日出生，汉族，个体，住××市××区××办事处××村63号

被上诉人（一审原告）：李某某，女，1978年5月29日出生，汉族，住××市××区渤海五路622号

被上诉人（一审被告）：高某某，男，1973年4月7日出生，汉族，个体，住××市××区新华街建行宿舍

上诉人因房屋租赁合同纠纷一案，不服××区人民法院2013年7月4日做出的（2013）×民二初字第422号民事判决，现提起上诉。

上诉请求：

1. 一审判决认定事实不清，证据不足，适用法律错误，程序违法，请求二审法院撤销一审判决，依法改判或将本案发回重审。

2. 一二审诉讼费用全部由被上诉人承担。

上诉理由：

一、一审判决认定事实不清，证据不足，适用法律错误，故意偏袒被上诉人一方。

（一）2012年7月9日，被上诉人李某某与上诉人魏某某签订房屋出租合同，约定由上诉人魏某某出租渤海国际广场A1-C59房屋给被上诉人李某某使用，租赁期限为2012年7月10日起至2013年7月9日止。自双方签订合同后，该房屋一直由被上诉人李某某使用，并且一审法院也认定根据合同的相对性原则，李某某应当在房屋租赁期限届满后将该房屋返还给上诉人魏某某，但自从双方签订合同之后，被上诉人李某某一直使用该房屋，并未将该房屋返还给上诉人魏某某，截止到一审法院判决做出的2013年7月4日，至双方签订合同的约定期限还差5天，该合同已经履行完毕，在被上诉人李某某使用房屋的一年时间里，该房屋的使用受益权都在李某某手里，李某某也一直在正常经营，并且根据《合同法》第58条的规定，合同无效或被撤销后，因该合同取得的财产，应当予以返还。但被上诉人李某某一直未将该房屋返还给上诉人魏某某，其一直在使用收益。并且根据法律的规定，法律最基本的原则是公平原则，而一审判决上诉人返还被上诉人李某某155000元显然违背了法律的公平原则，在我国无论是侵权法里的侵权责任还是合同法里的违约责任都始终贯穿着法律的一条基本原则，那就是损害填补原则。法律的目的在于弥补因法律所保护的法益受到侵害而遭受的损失，使法益恢复到未被侵害之前的状态。而法律严格禁止当事人因此而获得法外利益，具体到本案中，被上诉人李

某某一直使用收益该房屋，并且直到现在也未向上诉人魏某某返还该房屋，一年的房屋租赁合同已经履行完毕，房屋租赁费已经支付了相应的对价，而一审判决却对此事实予以不顾，做出错误的判决，严重损害了上诉人的合法权益，上诉人不服该判决。

（二）一审判决曲解法律，在适用法律上存在错误。司法的目的之一就是使不确定的法律关系明确化，法律的目的在于定纷止争，并且根据法律的公平原则要兼顾各方当事人的合法权益，尽最大努力实现社会的公平、正义。在本案中，被上诉人高某某与上诉人魏某某之间的房屋租赁合同关系与魏某某与李某某之间的房屋租赁合同关系是基于同一事实而发生的连贯的、不可分割的法律关系，根源还在于被上诉人高某某的无权转租行为，一审判决不能把基于同一事实而发生的不可分割的法律关系人为拆解，假使一审判决正确，它也应当在判令上诉人魏某某返还租赁费的同时判令被上诉人高某某向上诉人魏某某返还租赁费，这才是公平公正的判决。因为被上诉人高某某并非不是本案的当事人，其也是一审的被告，而一审判决却回避了这个问题，将原本不可分割的法律关系人为拆解，明显是在故意偏袒被上诉人一方。结合××法院（2012）滨民二初字第364号民事判决书的内容，其并未判决被告高某某承担任何责任，可见一审法院偏袒高某某的行为更加明显，不能叫人信服。

二、一审判决违反法定程序，因程序违法导致实体判决不公。

根据《民事诉讼法》第146条的规定，人民法院适用简易程序审理的案件，应当在立案之日起三个月内审结，也就是说简易程序的审理期限是三个月，本案一审的立案时间是在2012年的8月，而做出判决的时间是在2013年7月4日，审理期限长达近一年，并且根据《民事诉讼法》第134条的规定，当庭宣判的，应当在10日内发送判决书，定期宣判的，宣判后立即发给判决书。而一审判决在2013年7月4日做出后，直到2013年11月20日才送达给上诉人，整整拖了长达5个月的时间，程序的严重违法，导致判决的公正性和权威性在上诉人的心目当中荡然无存。根据《民事诉讼法》第153条第四款的规定，原判决违反法定程序，影响了案件的正确判决，二审法院应当裁定撤销原判决，发回原审人民法院重审。一审判决严重的程序违法，导致实体判决不公，法律丧失公信力，希望二审法院对此予以高度重视。

综上，一审法院认定事实不清，证据不足，适用法律错误，违反法定程序，请求二审法院依法查明事实，维护上诉人的合法权益。

此致
××市中级人民法院

上诉人：魏××
××年××月××日

（资料来源：http://www.66law.cn）

【评析】

该上诉状的书写符合要求。上诉理由表述清晰明白，上诉请求明确具体，合理合法，上诉理由能够针对原判决不当之处进行分析论证，并引述法律解释条款作为依据，说理有据，具有较强的说服力。

【例文】

刑事上诉状

上诉人（原审被告人）杨××，男，1987年3月27日出生，苗族，初中文化，农民。因涉嫌抢夺罪，于2011年3月13日被刑事拘留，同年4月15日被逮捕，现羁押于某市看守所。

因上诉人不服市人民法院（2011）刑初字第×号刑事判决书，上诉人认为量刑过重，现依法提出上诉。

上诉请求：

请求二审法院依法撤销（2011）刑初字第×号刑事判决书，并依法对上诉人做出较轻的判决。

事实及理由：

对于判决书所述事实和定罪部分，上诉人并无争议。但是对于量刑部分，上诉人认为量刑过重，理由如下：

一、上诉人系初犯，偶犯。上诉人平时一贯表现良好，无违法违纪犯罪之前科。此次犯罪系临时起意，一时糊涂，在量刑上应当酌定减轻处罚。

二、从本案的基本事实可知，上诉人在整个抢夺过程中始终起次要或者辅助作用，应当认定为从犯。根据《刑法》第二十七条的规定:应当从轻或减轻处罚。

三、上诉人归案后认罪态度好。上诉人认罪态度好，积极配合公安机关侦查，同时检举揭发了同案犯，使公安机关快速地侦破此案，此外，本案开庭时上诉人自愿认罪，认罪态度较好。

四、上诉人在看守所积极配合改造，有悔罪表现。上诉人年纪尚轻，从农村到城市务工时间不长，只是因一时糊涂才犯罪，且所犯罪行并非暴力犯罪，民愤不大，犯罪之后积极改造，痛悔前非，对上诉人予以轻判不致造成严重后果，但是却能给上诉人一个重新做人的机会。

五、上诉人实施犯罪所造成的社会危害性较小。综合考虑对社会的影响以及危害程度，上诉人实施犯罪没有给社会造成恶劣的影响，危害性较小。

六、依据《××省高级人民法院<人民法院量刑指导意见（试行）>实施细则》中关于抢夺公私财物，犯罪数额达到"数额巨大"起点一万元的量刑规定，上诉人涉嫌犯罪数额为人民币8036元，尚未达到抢夺罪数额巨大的规定，可以在三个月拘役至一年有期徒刑幅度内确定量刑起点。

综上所述，鉴于上诉人在此次共同犯罪中系从犯、认罪态度好、又系初犯、社会危害性较小，上诉人请求上级法院充分考虑上诉人的一贯表现、认罪态度的悔罪表现，充分考虑上诉人犯罪数额应为"较大"而非"巨大"的事实，给予上诉人从轻、减轻处罚，给上诉人一个改过自新、重新做人、回报的机会。

此致

××中级人民法院

上诉人：杨××
××年××月××日

（资料来源：http://china.findlaw.cn）

【病文诊断】

民事上诉状

事实：2005年4月，本人入职××公司，任专职司机。劳动合同一年一签，共签有五份劳动合同。（2005年至2007年的三份劳动合同均是我先签字而单位后盖章，但都未返还。）近五年来，本人就就业地工作，安全行车近20万公里。没有违章、没有事故、没有迟到、没有早退、没有违反企业劳动纪律、更没有违反劳动纪律的记录。2009年11月×日，就关于请求续签 2010 年劳动合同问题,与单位党支部书记(工会主席)谈了一次话,并递交了一份请求函。2009 年 11 月×日收到终止劳动合同通知书。于 2009 年 11 月×日在"通知书"上留下异议并签字。2009 年 11 月 30 日,经领导批准休带薪年假 15 天。(另有两天公休)2009 年 12 月 17 日假满上班,一直到 12 月 31 日下午 5 点。2010 年 1 月××日向××劳动局仲裁委提出仲裁申请。3 月××日仲裁书下达【××劳仲字(2010)第××号】,××劳动局仲裁委支持了我的请求。2010 年 3 月×日××公司向××区人民法院起诉。6 月 2 号法院开庭,7 月×日下达【(2010)×民初字第××号】判决书。判决书中支持了××公司的部分请求。理由:【(2010)××民初字第××号】判决书误读《劳动合同法》第十四条。错误地把第十四条第三款"……续订劳动合同的"理解为"双方均同意续订劳动合同"。既是双方均同意,还要连续订立两次吗?第一次也可以签订无固定期限劳动合同。(自相矛盾)"……用人单位与劳动者协商一致,可以订立无固定期限劳动合同" 这岂不是和本条第三款重复了。法律是行为规范,字字千钧。每一个标点符号都是反复推敲而定的,绝不会出现这样的废话。《劳动合同法》第十四条是一个集合条款,第三款是子集(元素),是不能拿出来单读的。如:第十四条第一款:"劳动者在该用人单位连续工作满十年的;"这句话,单独拿出来读,什么意义都没有。理应是:"劳动者在该用人单位连续工作满十年的;劳动者提出或者同意、订立劳动合同的,除劳动者提出订立固定期限劳动合同外,应当订立无固定期限劳动合同。"同理,第十四条第三款是这样的:"连续订立两次固定期限劳动合同,且劳动者没有违反第三十九条和第四十条第一项、第二项规定的情形,续订劳动合同的:劳动者提出或者同意续订、订立劳动合同的,除劳动者提出订立固定期限劳动合同外,应当订立无固定期限劳动合同。"这也正是××公司想方设法、伪造证据,诬蔑本人屡次违反劳动纪律的用心(想把"且劳动者没有违反第三十九条和第四十条第一项、第二项规定的情形"做成有违反),法律作为行为规范,对行为人有不可置疑的约束力。"连续订立两次固定期限劳动合同以前……(包含第一次和第二次)"此时,劳动者无权强求签订固定期限或无固定期限劳动合同,但可以提出申请。经双方同意,可以签订固定期或无固定期限劳动合同。这是对劳动者的约束。"连续订立两次固定期限劳动合同以后……(指第三次或以上)"用人单位无权拒绝劳动者提出的签订固定期限或无固定期限劳动合同的要求。这是对用人单位的约束。一审法官错误地理解"……续签劳动合同的;"为"双方均同意续订劳动合同"不仅使《劳动合同法》第十四条第三款失去了约束力,且自相矛盾。综上所述,本人将此一审错案上诉至××市第一中级人民法院。敬请××市第一中级人民法院支持我的诉讼请求。

此致
××市第一中级人民法院

上 诉 人:××
××年××月××日

(资料来源:http://www.9ask.cn)

【评析】

第一,本上诉状的格式不符合要求,上诉状的请求即上诉目的有几项要书写明确;第二,事实理由部分,陈诉不明晰,应列出法院一审判决中存在的与事实和法律不符的问题;第三,语言不够简洁。

任务 4　完成委托书

一、委托书的概念

委托书是委托他人代表自己行使自己的合法权益，委托人在行使权力时需出具委托人的法律文书。

委托人不得以任何理由反悔委托事项。被委托人如果做出违背国家法律的任何权益，委托人有权终止委托协议，在委托人的委托书上的合法权益内，被委托人行使的全部职责和责任都将由委托人承担，被委托人不承担任何法律责任。

二、委托书的结构和内容

委托书由首部、正文、尾部三部分组成。

（一）首部

首部包括标题、委托人与被委托人的基本信息。

1. 标题

在文书的上部，居中，写明"委托书"。

2. 委托人和被委托人的基本信息

包括委托人和被委托人的姓名、性别、出生年月、民族、工作单位、职业、住址。委托人为单位的，写明单位名称；被委托人是律师的，只写姓名和所在律师事务所名称。

（二）正文

正文包括事由、委托内容。

1. 委托事由

一般写明"委托人因××（写明案件性质及对方当事人）一案，委托××为××（一审、二审或再审）的代理人（或辩护人），代理权限如下"：

2. 委托内容

（1）委托刑事案件的辩护人，只写"为被告人××（姓名）×××一案第×审进行辩护"。

（2）委托经济、民事、行政等案件代理人的，须写明代理权限，特别授权的，应写明授权的具体范围，如代为起诉、提出反诉、进行和解、撤诉、上诉、签收法律文书等。

（三）尾部

（1）委托人与被委托人的签名或盖章。

（2）委托事项的年、月、日。

【例文】

出国留学个人委托书

委托人：　周××　　性别：男　　身份证号：××××××××××
被委托人：高××　　性别：男　　身份证号：××××××××××

本人工作繁忙，不能亲自办理××的相关手续，特委托高××作为我的合法代理人，全权代表我办理相关事项，对委托人在办理上述事项过程中所签署的有关文件，我均予以认可，并承担相应的法律责任。

委托期限：自签字之日起至上述事项办完为止。

委托人：周××

被委托人：高××

××年××月××

【评析】

本篇例文内容简洁，委托事项讲述清晰，并点明授权范围，格式符合委托书要求。

【例文】

委托书

中共××党委：

  本人××（××学院××届毕业生，中共党员）因工作在外地，无法亲自办理党组织关系转移有关事宜，现委托何××代为办理。被委托人身份证号：××××××

委托人：××

被委托人：××

××年××月××日

写作训练

1. 根据材料，代原告写一份起诉状。

案情介绍：

马平诉娄彦霞、王辉债务纠纷一案

  马平为原告，2014年3月份，原告卖给被告娄渊霞中东复合肥一批折合现金79100元，被告娄渊霞2014年3月27日写下欠条，被告王辉作了保证，后原告多次向被告主张要其还款，二被告均拒不偿还，为此请求法院判决被告归还欠款79100元整及相应利息；诉讼费及其他费用由被告承担。

  原告向法院提供的证据有欠条一份，书写内容为：今欠到中东复合肥货款现金（柒万玖千壹百元正）欠款人原阳县原武镇西街村娄渊霞，2014.3.27，王复平1355687××××，保证人：王辉。以此证明被告欠原告货款。

2. 根据第一题和下文的材料，代被告写一份答辩状。

案情介绍：

马平诉娄彦霞、王辉债务纠纷一案

被告娄渊霞辩称：

  一、新乡市帮力达农资有限公司的销售经理李××给我送过中东复合肥，有过送货买卖并有公司收据，而本案原告马平从未卖给我复合肥，也不可能于2014年3月送货，我与其没有任何关系，原告马平非适主体应驳回起诉。

  二、被告王辉是谁我不知道，纯粹是与马平以达个人目的，恶意诉讼，请再次考虑管辖权利问题。

  三、我叫娄彦霞，不是娄渊霞，2014年3月27日新乡市帮力达农资有限公司销售经理李

××给我送了假的中东复合肥，我爱人王福平在我家中给李××经理出具的欠条，如果原告马平拿这个欠条起诉我娄彦霞，因 2014 年 7 月 10 日李××代表公司，对送给我的假中东复合肥欠款已经结算了部分款项，其余款项放弃作为对我与农户假复合肥造成损失的补偿或赔偿，双方债权债务已归于消灭。请求依法驳回原告马平的诉讼请求或起诉。

被告娄彦霞提供的证据有：1. 李××名片一张；2. 收款收据两份及李××于 2014 年 7 月 10 日出具的收款证明一份；3. 杜学银证明一份，以此证明被告收到的是李××的化肥，娄彦霞与公司有交易关系。

3. 根据材料，代柳××写一份上诉状。

案情介绍：

离婚财产纠纷上诉案件

（原审被告）柳××，女，1975 年×月×日出生，汉族，武汉市人，无业，原住洪山区×号，被上诉人（原审原告）吴××，男，1972 年×月×日出生，汉族，武汉市人，住洪山区×号，原告上诉请求撤销（201×）洪民初字第×号民事判决第二项，改判对夫妻共同财产予以分割，同时判令被上诉人给予上诉人住房帮助并令被上诉人承担一、二审诉讼费。在一审庭审中，上诉人黄××多次表示夫妻共同财产还有房产、家用电器、生活用品及其他共同债务未分割，但审判员置之不理，法院未予认定的夫妻共同财产有：2012 年建造的约 360 平方米的 4 层楼私房一栋，旧房旁扩建的占地约 60 平方米的房屋两间（该两处房产每年约有 4 万多元的租金收入），旧房内的装修及家用电器：彩电一台（购买价 3870 元）、洗衣机一台（1500 元）、稳压器一台（908 元）、电扇 4 台、功放 4 个、太阳能热水器一台（2000 元）、燃气热水器一台、电饭煲一个、电动车一辆及价值 700 元的餐桌板凳一套。以上夫妻共同债务和财产，应该在离婚时按照照顾子女和女方权益的原则一并判决处理。

4. 你因工作原因，需办理档案调动，你委托朋友帮你办理，请写一份委托书。

情境迁移

随着社会的发展，人们的法律意识越来越浓厚，掌握好各种法律文书的写作，可以更好地运用法律维护自己的合法权益。

情境一：你开设了一家资产管理公司，因业务需要，另一家公司向你借款人民币 152 万元，借款期限自 2014 年 5 月 2 日至 2014 年 10 月 20 日，贷款利率按月息 9.24‰，但借款到期后，虽经多次催讨，对方一直未能还款。请拟写一份借贷民事纠纷的起诉状。

情境二：你的亲戚从 2005 年 3 月起进入某国有企业做合同工，于 2007 年 10 月调到该单位下属车间工作，该车间于 2009 年改为个人承包，该国有企业于 2010 年改制，你的亲戚一直工作到 2013 年 2 月，期间该单位一直没有和你的亲戚签订过劳动合同，也没有为其交过社会保险，你的亲戚合法权益受到侵害。请帮助你的亲戚拟写一份劳动纠纷的民事起诉状。

情境三：你在某小区购买了一处房产，与开发商签订了《商品房买卖合同》，开发商书面通知了一千多户业主收房，但是你没有收到书面通知。主动电话联系开发商时，开发商以没有业主信息等理由拒不办理。你将开发商告上法庭，要求退房退款支付违约金。一审法院判决你不具有行使合同法法定解除权的条件，你作为原告一审败诉。败诉后，你找律师咨询，根据合同法，撰写上诉状，要求开发商返还购房款并支付违约金，二审判决你胜诉。但是，开发商迟迟不履行判决，又向上一级法院，省高院进行申诉，你也可以以开发商的身份撰写申诉状。

情境四：你在实习期找到一份不错的工作，因工作性质的原因，你常需要出差，不能及时回校领取你的毕业证书，可以写一份委托书，请同学代为领取毕业证书。

知识拓展

申诉状

一、申诉状概述

（一）申诉状的概念

申诉状亦称"诉状"，指公民或法人因自身合法权益遭受侵害而向人民法院提起诉讼请求的文书。申诉状是诉讼当事人对已生效的裁定、判决、调解书，认为有错误，请求原审人民法院或上级法院给予复查纠正而写的司法文书。

（二）申诉状和上诉状的区别

申诉书与上诉状，既有相同点，又有区别点。

1. 相同点

它们都是认为原判决或者裁定有错误而要求依法予以纠正的诉讼文书。

2. 不同点

（1）对象不同。提出申诉的是对已经发生法律效力的判决或者裁定，包括二审终结的甚至已经执行完毕的判决或者裁定；而上诉只限于尚未发生法律效力的一审判决或者裁定。

（2）期限不同。申诉不受时间限制；而上诉应在法定期限内提出，如无正当理由耽误期限的，逾期不能上诉。

（3）接受书状的机关不同。接受申诉的可以是原审法院，也可以是上级法院，还可以向人民检察院提出申诉；而接受上诉的只能是做出第一审判决、裁定的上一级人民法院。

（4）处理程序不同。接受申诉的机关对申诉案件经过审查，认为原裁判正确的，通知驳回申诉，原裁判确有错误的，按照审判监督程序提起再审；而上诉案件必须由上诉人民法院按照第二审程序进行审理，依法做出终审判决或者裁定。

二、申诉状的结构和内容

申诉状主要由首部、正文和尾部三部分构成。

（一）首部

1. 标题

在文书的上部，居中，写明"申诉状"。

2. 当事人基本情况

申诉人的基本情况包括：姓名、性别、年龄、民族、籍贯、职业、住址。如是刑事案件申诉人在押的，还应写明现押处所；若是被告人的辩护人、亲属、其他公民申诉的，应写明申诉人姓名、职业、同被告人关系，并加一段介绍被告人个人基本情况。

此外，还包括对方当事人的基本情况：姓名、性别、年龄、民族、籍贯、职业、住址等。

（二）正文

正文是再审申请的关键，主要由案由、申请事项及事实和理由部分构成。

1. 案由

一般可以这样表述:"申请人××因××一案,对×××人民法院于×年×月×日的〔×× ×〕×字第××号一审(或二审)民(或刑)事判决书(或裁定)不服,特提出申诉。"

2. 申请事项

申请事项一般是要求重新审理。事实和理由是再审申请是否能得以支持的关键,根据上述提起再审的法律规定,申请人一定要把一审、二审的审理情况介绍清楚。新证据的发现,新证据的提供,终审法院适用法律不当,违反法律程序,审判人员有徇私舞弊行为等。

(三)尾部

尾部包括三项内容。

(1)致送人民法院的名称;

(2)申诉人签名(或盖章)并注明年、月、日;

(3)附件。写明所附答辩状的副本份数及向一级人民法院申诉所附的原判决书或裁定书、新发现的事实证据等。

【例文】

行政申诉状

申诉人:吴××,男,19××年××月××日生,汉族,出生地××省××县,原任中外合资××东坡食品有限公司总经理,住××省××县××镇××路××号。

申诉人因××省××县乡镇企业管理局任免决定一案,不服××省高级人民法院(2011)××高行终字第××号行政判决,现提出申诉。

请求事项

1. 请求撤销××省高级人民法院(2011)××高行终字第××号行政判决;

2. 维持××省××市中级人民法院(2011)中行初字第×号行政判决。

事实与理由

申诉人认为,××省高级人民法院所作的维持××县乡镇企业局2011年××月××日× 乡企(2011)××号"关于××县东坡食品厂厂长任免的通知"的二审判决认定事实错误、适用法律不当、诉讼程序错误。

一、认定事实错误

二审判决根据××省国资局和工商局的界定,认定××县东坡食品厂名为集体实为国营企业。事实上,东坡食品厂的前身是吴××的家庭作坊发展起来的组办集体企业。从其资金来源看,国家没有任何投入,××县乡镇企业局为××县东坡食品厂向有关金融机构借入二百七十八万元提供了担保,但按法律规定,这种担保本身为无效,同时该担保也不能改变××县东坡食品厂为借贷关系的主债务人的身份,该局的担保也不能等同于国家向企业的投资。因此,二审判决将××县东坡食品厂的性质认定为名为集体企业实为国营企业,在事实认定上存在重大错误。

二、适用法律错误

二审判决根据《中华人民共和国全民所有制工业企业法》第四十条,做出维持××县乡镇企业局任免决定的判决。而该局的任免决定,是依据《中华人民共和国乡村集体所有制企业条例》第十四条、第十九条的规定做出的。二审判决和××县乡镇企业局的具体行政行为所依据的法律规定完全不同，但仍判决维持该局的任免通知，违反了《中华人民共和国行政诉讼法》第五十四条第二款第（二）项的规定。另外，××县东坡食品厂为集体企业，对该厂厂长的任免，只能根据《中华人民共和国乡村集体所有制企业条例》的规定进行，而二审判决却按照《中华人民共和国全民所有制工业企业法》的规定处理，明显系适用法律不当。

三、诉讼程序错误

根据《中华人民共和国行政诉讼法》的规定，××县乡镇企业局对免去吴××的厂长职务的具体行政行为负有举证责任。在本案庭审中，××县乡镇企业局未能举证证明其按《中华人民共和国乡村集体所有制企业条例》第十九条的规定为××县东坡食品厂的所有者，对此种具体行政行为，法院应依照《中华人民共和国行政诉讼法》第五十四条的规定予以撤销。而二审法院却委托××省国资局和工商局对××县东坡食品厂的企业性质进行鉴定，并依此鉴定结论做出判决，超越了法律规定的权限，违背了行政诉讼的举证规则，诉讼程序运用错误。

综上所述，申诉人认为，二审判决确有错误，故特申请再审，以维护法律的公正。

此致

××省高级人民法院

附：1. 本申诉状副本×份；
2. ××市中级人民法院（2011）×中行初字第×号行政判决书复印件一份；
3. ××省高级人民法院（2011）×高行终字第×号行政判决书复印件一份。

申诉人：吴××
××年××月××日

（资料来源：http://www.66law.cn）

【评析】

这篇行政申诉状的格式和内容符合申诉状的写作要求，着重对事实的主要问题进行了澄清，抓住对方认定的事实、适用的法律、诉讼的程序错误，进行了重新分析，行文条理清楚，逻辑性强，语言得体。

【例文】

民事申诉状

申诉人：黄××，男，××岁，汉族，××省××市人，××市××公司职员，住××市××小区××幢×号。

被申诉人：中国建设银行××市分行××路分理处。地址：××市××路××号。

法定代表人：×××，行长。

申诉人因建行××分行××路分理处违章点款致损要求赔偿一案，对××市中级人民法院2010年4月22日（2010）×中民终字第××号判决不服，现提出申诉。

申诉请求

1. 撤销（2010）××中民终字第××号判决；
2. 责令被申诉人建行××分行××路分理处赔偿申诉人损失人民币1万元。

申诉理由

一、原审判决认定事实有误，证据不足，举证责任分配不明

原审判决认定申诉人存款额为84320元，且申诉人对点钞结果未提出异议，这与事实不

符，被申诉人也提不出足够充分的证据。事实上，申诉人到被申诉人处存款时，就将1张填写金额为94320元的存款凭证及94320元人民币一并交给被申诉人经办人（有填写金额为94320元的存款凭证1张为证）。而且在经办清点完毕后告知申诉人金额不符时，申诉人即提出异议，并要求看监控录像。

原审判决依据现金交接"当面点清"原则，实际上采取了让原、被告各自证明过程的方法，即让原告举证证明交款后被告未当面点清的事实，让被告举证证明收款后已当面点清的事实。

从本案情况来看，申诉人到被申诉人处存款，双方欲成立的是储蓄合同法律关系。在储蓄合同法律关系中，申诉人是接受储蓄服务的客户，被申诉人是提供储蓄服务的经营者，因此，这种关系具有消费法律关系的性质。按照消费者权益保护法的要求，对经营者实行的是严格责任。严格责任所适用的归责原则应当说为过错推定归责。因而，申诉人只需证明受损害的事实，即以其所填存款凭证上的数额与被申诉人告知的数额不符的事实为证即可；被申诉人应当证明自己正当操作来说明自己所说的数额正确。依此，申诉人无需证明被申诉人未"当面点清"的过程，被申诉人应当证明自己已"当面点清"的过程，而不是双方都来证明这个过程如何。原审判决举证分配不明，扩大了申诉人的举证范围，应予纠正。

二、被申诉人经办人的违章操作与造成申诉人1万元的损失有直接的因果关系

中国人民银行《全国银行出纳基本制度》第7条规定，收入现金要当面点清。中国人民建设银行《现金出纳柜员制管理办法》第11条第2款规定：收款时，先以手工初点，先点大数后点小数……，第11条第3款规定：将初点扎把后的现金，放入出纳复点机复点，复点无误后在腰条上加盖收款员名章，放入柜（箱）保管。

从本案案情来看，被申诉人的经办人在接过申诉人交与的存款凭证和交存的现金时，未当面点清大数（扎把）和核对存款凭证所填的数额，即将现金移至与其工作台相连的另一张桌上拆开扎把清点张数。之后，在进行汇总时才告知上诉人所交存的现金的大数与存款凭证所填的数额不符。被申诉人的行为违反了上述银行管理制度，已构成违章操作，因申诉人在交款时并无任何过错，可见被申诉人经办人的违章操作与申诉人损失1万元人民币有直接因果关系，被申诉人应当予以赔偿。

综上所述，被申诉人的违章行为已造成申诉人1万元的损失，原审判决错误，请求上级法院予以撤销并要求被申诉人赔偿损失1万元。

此致

××省高级人民法院

申诉人：黄××

××年××月××日

附：1. ××市中级人民法院（2010）×中民终字第××号判决书复印件1份；

2. 申请人填写的金额为94320元的存款凭证。

（资料来源：http://www.chinalaws.org）

项目九　团队总结表彰

情境导入

经过一个学期紧张的职场实用文体项目化实践学习，团队成员分工合作，齐心协力，克服重重困难，终于完成了所有项目任务。回顾走过的路，有辛苦时的抱怨，有焦虑时的煎熬，有分歧时的争吵，有展示时的自豪……你会发现这个学期格外忙，格外充实，你还会发现自己独立做事能力、分析概括能力、应用写作能力、与人沟通合作能力都得到了提升。现在学习临近尾声，请团队的每个成员回顾一下自己的项目化学习实践，收获是什么，不足有哪些。作为团队负责人的你还需从团队角度，对团队整体工作进行总结，对本团队中表现突出的成员进行表彰，并出台表彰决定。

项目架构

1. 进行小组、个人项目化学习总结；
2. 对小组项目任务完成过程中表现突出的成员进行表彰，并出台表彰决定。

重点难点

教学重点：掌握总结、决定的结构、内容及写作。
教学难点：了解单位总结与个人总结的不同；区分决定与决议、议案的不同。

学习内容

本项目涉及的应用文体有：总结、决定。

任务1　进行团队（个人）总结

一、总结概述

（一）总结的概念

总结是对过去一定时期的工作、学习或思想情况进行回顾、分析，并做出客观评价的书面材料。

（二）总结的特点

1. 回顾性

总结的内容是回顾已经做过的工作，在总结的时间段内，做了多少就写多少，不能无中生有，不能掺假。

2. 经验性

总结的目的不仅仅在回顾已经做过的工作，还在于把感性的认识上升到理性的高度，从具体工作中引出经验教训，以便为以后的工作提供借鉴。

（三）总结的分类

从性质、时间、形式等角度可划分出不同类型的总结。

从内容分主要有综合总结和专题总结两种。综合总结又称全面总结，它是对某一时期各项工作的全面回顾和检查，进而总结经验与教训。专题总结是对某项工作或某方面问题进行专项的总结，尤以总结推广成功经验为多见。总结也有各种别称，如自查性质的评估及汇报、回顾、小结等都具总结的性质。

根据内容的不同，总结可分为工作总结、生产总结、学习总结、教学总结、会议总结等。

根据范围的不同，总结可分为全国性总结、地区性总结、部门性总结、本单位总结、班组总结等。

根据时间的不同，总结可分为月总结、季总结、年度总结、阶段性总结等。

从内容和性质的不同，总结可以分为全面总结和专题总结两类。

（四）总结的形式

总结常见的形式有四种：

1. 条目式

条目式就是把材料概括为要点，按一定的次序分为一、二、三等条，一项项地写下去。

2. 三段式

三段式即从认识事物的习惯来安排顺序，先对总结的内容作概括性交代，表明基本观点；接着叙述事情经过，同时配合议论，进行初步分析；最后总结出几点体会、经验和存在的问题。

3. 分项式

分项式即不按事件的发展顺序，而是把做的事情分几个项目，也就是几类，一类一项地写下去。每类问题又按先介绍基本情况，再叙述事情经过，最后归纳出经验、总结问题，按顺序写下来。

4. 漫谈式

如向别人介绍自己的学习经验，可用漫谈式，把自己的实践、认识、体会慢慢叙述出来。

二、总结的结构和内容

总结分为标题、正文、落款三部分。

（一）标题

总结的标题有种种形式，最常见的是由单位名称+时间+内容+文种组成，如《××厂2014年上半年工作总结》《教师工作总结》。

有的总结标题中不出现单位名称，如《协会活动总结》《2014年教学工作总结》。

还有的总结采用双标题。正标题点明文章的主旨或重心，具体说明文章的内容和文种，如《构建农民进入市场的新机制——麦棉产区发展农村经济的实践与总结》《加强医德修养树立医疗新风——××医院精神文明建设的经验》。

（二）正文

总结的正文分为开头、主体、结尾三部分，各部分均有其特定的内容。

1. 开头

总结的开头主要用来概述基本情况。包括单位名称、工作性质、主要任务、时代背景、指导思想，以及总结目的、主要内容提示等。作为开头部分，要注意简明扼要，文字不可过多。

2. 主体

这是总结的主要部分，内容包括成绩做法、经验和教训、今后打算等方面。这部分篇幅长、内容多，要特别注意层次分明、条理清楚。

3. 结尾

结尾是正文的收束，应在总结经验教训的基础上，提出今后的方向、任务和措施，表明决心、展望前景。这段内容要与开头相照应，篇幅不应过长。有些总结在主体部分已将这些内容表达过了，就不必再写结尾。

（三）落款

落款由单位名称和时间组成。

三、总结的写作要求

（1）要有正确的指导思想。
（2）要有实事求是的科学态度。
（3）要归纳规律性的东西。
（4）要突出个性、准确表达。

四、个人总结与部门总结的区别

部门总结，是对部门工作进行系统的回顾、分析，要突出强调部门的工作业绩，归纳不足之处；而个人工作总结则是个人对做过的某一阶段的工作进行系统的回顾、分析，从中找出收获、经验教训及带有规律性的认识的一种事务文书。

【例文】

大学生个人总结

今年是我进入大学的第三年。两年来，在各级领导和同学们的关心、帮助下，通过自身不断努力，各方面均取得一定的进步。现总结如下：

思想政治学习方面。始终保持与党中央高度一致，积极参加学院及班上组织的思想政治学习活动，不断提高自身的政治素质。坚决拥护独立自主原则及"一国两制"的方针。政治上要求进步，积极向党组织靠拢。不满足于在党校内入党积极分子培训时所获得的知识，不断在工作、学习和生活中增强自身的党性原则，按照新党章规定的党员标准来要求自己，虚心向身边的党员学习，并结合国内国际政治生活的大事，定期作好思想汇报。

工作作风方面。在学生会的工作中，我始终以广大同学的共同利益为最基本的出发点，处处从同学们的需要出发，为同学们服务。两年来，自己也严格遵守学校制定的各项工作制度，积极参加学校组织的各项活动，虚心向有经验的同学请教工作上的问题，学习他们的先进经验和知识。敢于吃苦、善于钻研，能按规定的时间与程序办事，较好地完成领导交办的工作。同时积极主动配合其他部门工作的开展，不断提高工作效能。

知识学习方面。学习刻苦，态度认真，但在学习方法和能力上有些欠缺，需要改进。现今社会，经济日新月异，科技翻天覆地，我们必须更多、更快、更广地吸收新知识。我通过这两年的大学学习，对于专业方向、节奏、程度、难易度等，也有所了解，投入了不少时间在学习上，收获颇多。在大学的后两年中，学习任务更重，我会加倍努力，把更好的成绩带进大四。

　　总之，过去的两年，是不断学习、不断充实的两年，是积极探索、逐步成熟的两年。由于参加党校的时间不长，政治思想觉悟还有待提高；对大学学习的规律仍需进一步适应，方法也尚需改进；在学生会的工作中，也要弥补不足，尽最大的努力为同学们服务。新的一年里，我一定认真向党员同学学习，戒骄戒躁、勤勉敬业，在平凡的工作和学习中取得更好的成绩。

×××
××年××月××日

（资料来源：http://wenku.baidu.com）

【评析】

　　这是一份大学生年度总结。先从思想方面总结了自己一年来的成绩，然后总结了在学生会工作中以及在学习方面的收获，从三个方面进行总结，条理清晰，既点出了取得的成绩，又指出了存在的不足，为今后学习等方面的改进指明了方向。

【例文】

销售员个人总结

　　2012年11月1日至今，我进××啤酒有限公司已有两年多了，时间虽短，但对于我来说，却是受益匪浅的。这期间，在单位领导的培养和同事们的关心支持下，我逐步对公司有了全新的认识与了解。

　　我在单位担任销售大厅开票的工作，开始我认为开票工作比较简单，不过是填填单据等事务性工作，但是通过前一阶段的学习，才知道自己对开票工作的认识和了解太肤浅了，开票工作不仅责任重大，而且有不少的学问和技术性问题，需要反复练习、理解性学习才能掌握。我的理论和实践有还有一定的差距，缺乏工作经验，还好在指导老师的帮助下，我学会了如何开票以及填写票据，保证自己经手的票据的安全与完整，学会了使用开票软件，理解了这项业务的程序及来龙去脉。通过三个月的学习与实践，知道了要做好开票工作绝不可以用"轻松"来形容，工作中一定要谨慎，要认真对待每一张票据。

　　销售开票是销售工作不可缺少的一个部分，它要求我们开票人员要有精湛的业务水平，熟练的业务技能，严谨细致的工作作风，作为一个合格的开票人员必须要具备以下的基本要求：

　　（一）学习、了解和掌握政策法规和公司制度，不断提高自己的业务水平。销售开票工作需要很强的操作技巧。作为专职的开票人员，不但要具备处理一般会计事务的财务会计专业基本知识，还要具备较高专业知识水平和较强的数字运用能力。

　　（二）做好销售开票工作要有严谨细致的工作作风和职业道德，要有较强的安全意识，各种票据，既要有内部的保管分工，各负其责，并相互牵制；也要有对外的保密措施，维护个人安全和公司的利益不受到损失。

　　（三）开票人员必须具备良好的职业道德修养，要热爱本职工作，精业、敬业，要竭力为单位的总体利益服务。

　　我厂刚刚投产运营，作为销售开票人员的工作量并不大，在前一阶段的工作学习当中，我遵守公司的各种规章制度，认真做好自己的本职工作，对领导安排的工作能够按时完成，但是在工作当中我也发现了自己的不足之处，在某些细节问题上有不够仔细的地方，因此，我要时时刻刻提醒自己努力改正自身缺点，在今后的工作中，加强业务学习，主要是销售开票以及财务方面的学习，学习如何分析企业的经营状况，为今后新业务的开展和经营范围的拓展，努力提高自身素质，胜任本职工作，提高工作效率。我有信心把工作做好，为公司的发展做出更大的成绩！

×××
××年××月××日

（资料来源：http://www.diyifanwen.com）

【例文】

财务处工作总结

2014年，在全体员工的共同努力下，我部完成了今年全面预算及今后五年资金预算的编制，完成了公司制定的融资定额和降低融资成本的目标任务等工作：

一、紧跟企业管理发展趋势，努力实现管理职能的转变

致力于从财务资料的搜集者和提供者转变为对财务信息能量的释放者和推动者的角色，从提供多项任务和交易信息为主，转向为业务部门提供更多决策支持的信息分析；参与战略决策，做好全面预算管理工作，完成有关预算的编制，提供今后几年的财务报表测算情况及企业资本的流向、流程、流速、流量等财务信息，为公司领导进行决策提供依据。

二、做好会计基础核算工作，为公司发展提供基础信息服务

完成年度会计决算工作，核对理顺往来账务关系；对长期投资区分股权和债权进行核算，规范核算手续；配合税务稽查，积极敦促退回预交企业所得税；努力推进公司财务信息管理系统建设。

三、强化资金管理，优化资本结构

加强资金的计划管理和综合调度，做好公司各月资金计划、资金计划执行情况分析和检查工作，对资金使用效益、资金风险做事前的衡量，及时跟踪资金运行情况，进行资金控制，使集团能够对资金"掌握有度"；加强筹资管理，积极拓展融资渠道，调整公司负债结构，优化资本结构；争取到各银行给予贷款优惠，使新增贷款的利率下浮10%，降低筹资成本，为公司节约财务费用。

四、规范管理公司委托贷款和担保业务

从严控制委托贷款和担保业务的开展，强调按规定程序办理，完善有关手续；参与起草脱困方案，协助化解公司的财务风险。

五、完善财务管理，加强投资项目控制

致力于为业务部门提供决策支持的信息分析，为公司决策提供信息支持；完成可研性项目的财务分析及财务评价工作；实施事前控制，对公司拟投资项目进行资料的收集、整理、分析，并提出了财务方面的评价和建议，为领导决策提供参考意见；加强投资项目的财务管理和财务监督；配合业务部门做好退出项目的前期方案制定。

财务处
××年××月××日

（资料来源：http://www.docin.com）

【病文诊断】

工作总结

　　紧张而忙碌的一年过去了，新年伊始，回顾过去一年的工作我感到既有收获也有遗憾，总的来讲，人力资源管理工作在公司各级领导及各部门的大力支持下，整体工作循序渐进，稳中求升，取得了一定的效果，确保公司在一个有序稳定的环境中健康发展，现将一年的主要工作汇报如下：

　　一、公司性规章制度的建立

　　为加强和完善公司的基础管理工作，规范各项企业管理行为，根据公司发展需要和实际情况，起草和制定了《薪资管理办法》《企补、个储管理办法》《印章管理补充规定》《接待工作管理办法》《员工购房资（奖）助规定》等办法和规定，经总经理办公会讨论通过，均已下发执行。

　　二、员工教育培训工作

　　为了提高全员的学习观念，创建学习型组织，利用切实有效的工作方法来提高工作效率，8月份组织安排了一次针对公司管理人员企业文化理念的专题讲座，效果良好，增强了中高层管理人员的团队精神，加强了相互间的沟通与联系，改善了个人对工作的处理方式和态度。

　　针对部分研发、生产、工程、质检人员对电力系统不够熟悉的特点，经多方联系，安排组织研究所等部门员工到电站参观学习，变电站站长结合现场实际的详细讲解，使公司员工对大型现代化的变电站有了一个清晰的认识，大家普遍感到这种边参观边学习的培训认识深、效果好，对自己的工作很有启发和帮助。同时，针对市场销售人员专业知识偏软的现状，对销售人员安排了为期三天的县调、专业知识培训，拓宽了他们销售知识面。

　　不断加强新员工入职培训，强化企业文化理念的教育，在原有培训要求的基础上，增加了公司质量体系知识的培训、优秀员工代表在公司成长发展经历的讲座以及现场参观等内容。另外，对研发、工程、设计人员增加了在生产部、质量部实习一个月的要求，并制订了相应的培训考核内容。通过培训，将公司的最新动态和所要倡导的理念、企业文化及时传达给新员工，通过正确的引导，弘扬了正气，培养他们积极向上、团结拼搏的精神和对企业价值观的认同。

　　三、职称申报及专业职称考试报名工作

　　（一）2013年在省公司分批分类为公司员工职称办理了职称申报，人数共计7人，其中申报高级的有1人，申报中级的有2人，申报初级的有4人。

　　（二）在省公司和高新人才交流中心办理2013年度职称外语考试15人；计算机考试6人。

　　（三）在省计算机资格考试中心办理了2013年计算机专业技术资格考试10人，其中高级9人，中级1人。

　　四、公司人员变动情况及对外招聘工作

　　本年参加了西安交通大学、西安电子科技大学、西北工业大学、西安人才交流中心、高新人才交流中心等组织的招聘会；在报纸发布招聘信息两次；在《新机遇》杂志免费发布招聘信息一次，及时补充空岗，保证正常工作。

　　在招聘工作方面，理顺了整个招聘程序，完善了招聘的前期准备工作，包括申请表、汇总表、登记表、广告版面内容的设计和审核、广告上报工作的联系工作、整个接待过程的安排（包括面试、笔试、培训、体检、试用）。将每次招聘的工作任务基本上确立为两大任务：社会公关与人才聘用，通过严格的招聘程序，力争使入职人员能全面理解公司理念与各项制度，对未被录用的应聘人员，更使他们感受到我公司的文化氛围，以形成良好的口碑，扩大公司的影响力，提高其美誉度。

在西安市人才中心办理了人事代理，解决 3 名大专毕业生落户问题；在高新人才中心办理招工、招干各 1 人。

五、日常事务

（一）办理 2013 年度社会保险年检；进行公司年度工资总额的测算、指标分解和过节费、奖金发放工作；每月及时、准确提供工资变动、各类扣款等资料以及午餐费发放明细表；逐月按时申报缴纳各项社会保险费；办理员工医疗费报销和档案、社保关系转移；办理核对商业医疗保险的保费交纳及个人扣款工作；制作公司月度员工花名册及人员增减变动统计工作；负责公司员工的《劳动合同》《技术保密合同》《用工协议》等的管理工作；公司劳动纪律的日常检查、监督和管理工作；公司员工绩效考评工作等。

（二）建立了全公司人事档案管理数据库，数据收集工作及时准确、完整，减少重复劳动，提高工作效率。

（三）为有效预防人员流失给公司带来的经济损失，对新进人员要求将档案转入公司，委托高新人才中心管理，并及时办理相关手续；对老员工也按此要求在办理过程中（系统内 20 人、待破产企业 6 人、退休 2 人除外）。截止上年末档案托管人数为 46 人。

六、2014 年度社会保险缴纳情况

本年进行了员工个人养老保险账户及个人医疗保险账户核对工作，为方便员工就医、买药，为 45 名员工办理了医疗保险个人账户卡（太平洋卡），员工可持卡在规定医院、药店就近就医、买药。

七、全面展开绩效考核的准备工作

根据公司工作安排，为公司全面进行部门量化考核做了大量前期准备工作，并与各部门经理进行沟通，针对公司管理中存在的问题，提出实施各部门量化考核的初步设想，以便加强对各部门过程管理控制，使公司效益最大化，公司将通过对部门、员工工作结果评价的反馈，提升员工的绩效，最终实现公司管理水平的提高。此方案经总经理办公会讨论，因存在一些难以解决的问题，目前正在着手换种思路，重新设计。

八、其他工作

（一）组织员工积极开展健康向上的文体娱乐活动，增强企业凝聚力。组织了公司冬季越野赛；公司羽毛球赛；为银河俱乐部乒乓球比赛加油助威等活动。

（二）为体现公司对员工的关爱，安排公司 110 名员工的体格检查及甲肝疫苗注射工作；在"三八妇女节""中秋节"为员工发放慰问品并送去温馨的祝福，同时也为 6 对新婚员工送上一束鲜花以表公司对新婚员工的祝福和期望。

（三）协助支部、工会收缴党费、会费，发放学习资料，完成党员评议等日常工作。

（四）为确保集团公司三年庆典及公司入住银河科技产业园的顺利实施，按公司整体安排，负责公司展厅布置以及办公区、生产区科室牌、各类标志的工作，在时间紧、任务重的情况下，克服重重困难，任劳任怨、加班加点，在领导的大力支持下，精心组织策划，并在李倩等员工的积极协助下，圆满地完成任务，总体效果良好，得到了集团公司和公司领导的好评。

总之一年来，在人员不足的情况下，我做了大量的工作，并从大局出发，处理好各方面的问题，取得了一定的成绩，但还存在着很多不足之处，有待于进一步提高。在新的一年里，公司人力资源管理任务还十分艰巨，我将不断学习新知识与时俱进、尽心尽力做好本职工作，我有信心在新的一年里，让各项工作上一个台阶。

（资料来源：http://iask.sina.com.cn）

【评析】

该总结对个人一年的工作做了详细的回顾，但是，陈述啰嗦，表述不够清晰。做出的总结缺少重点突出的内容。

任务2　公布表彰决定

一、决定概述

（一）决定的概念

决定是对重要事项或重大行动做出决策或安排，并要求机关各部门和下级机关或有关单位贯彻执行的指令性公文。

（二）决定的特点

1. 决策性

决定表现了领导机关对重要事项或者重大行动安排的决策，集中体现了领导机关的指挥意志、处置意图和政治倾向。

2. 制约性

决定内容具有不可更改的确定性，制约着下级机关必须遵照执行。

（三）决定的分类

根据具体用途和内容的不同，决定一般有以下两类：

1. 知照性决定

知照性决定是指将决定事项知照给有关单位和人员的决定。如表彰决定、处分决定、机构设置决定、人事安排决定、发布法规性事项或对某一具体事项做出安排的决定等，如《全国人民代表大会常务委员会关于教师节的决定》。

2. 指挥性决定

指挥性决定是对于重要事项或者重大行动做出安排的决定。常见的有规定性决定、规范性决定、指导性决定、指示性决定、具有有关法令性质的决定、处理重大问题的决定和安排重要行动的决定等。

二、决定的结构和内容

决定由标题、正文、落款三部分组成。

（一）标题

决定的标题一般采取公文标题的常规模式，由发文机关＋事由＋文种构成。如《北京林业大学关于成立自然保护区学院的决定》。

（二）正文

正文由开头、主体、结尾三部分组成。

1. 开头

一般是说明为什么要做出这个决定,即做出决定的背景、根据、目的和意义。

2. 主体

主体写决定事项。根据具体内容结合实际情况撰写,内容可多可少。用于指挥工作的决定,这部分要提出工作任务、措施、方案、要求等,有的还要写明指挥决定的理由,内容复杂时要用小标题或条款显示出层次来。

用于批准事项的决定,这部分要表达批准意见,如有必要,还可对批准此事项的根据和意义予以阐述。用于表彰或惩戒的决定,这部分要写明奖惩对象的主要事实和组织决定。

3. 结尾

比较简单,主要用来写执行要求或希望号召。

(三) 落款

(1) 正文右下方写明发文机关名称。若标题上已有发文机关,则签署可省略。

(2) 成文时间:如果是会议通过的决定,在标题的下方居中以括号注明批准、通过的会议名称和会议批准通过的日期;如果是领导机关的决定,日期一般放在发文机关之后。

三、决定的写作要求

(1) 不能滥用决定行文。
(2) 事项要明确、具体。
(3) 语言风格要妥当。

四、决定与几种相近文体的区别

(一) 决定与决议的区别

决定和决议都是具有法规性质的重要文件,都比一般的指示性文件具有更为重要的意义,都适用于对重要事项、重要问题、重大行动做出安排决策,但它们又有一定的区别:

1. 形成的方式不同

决议必须是某一级领导机关或组织法定的正式会议表决通过,才能形成文件,并以会议名义发布。决定则不同,它既可以经某种会议讨论通过,以机关的名义下发,也可以由某一级领导机关直接制定并发布。

2. 行文用语不同

决议的行文中常用"会议认为""会议指出""会议号召"等惯用语领起下文。决定的原由和事项两部分之间常用"为此,特作如下决定"之类的惯用语过渡。

【例文】

<h3 style="text-align:center">支部大会通过梅青青预备党员转正决议</h3>

寺头镇教办党总支支部大会于 2013 年 12 月 17 日下午讨论了梅青青同志的转正申请。经支部大会讨论,认为梅青青同志在预备期间,能按照党员的标准严格要求自己,贯彻落实科学发展观。工作上认真负责、踏实肯干。业务上积极要求上进,工作中乐于帮助新人解决困难,发挥了一个共产党员应有的作用。大会认为梅青青同志已具备党员条件,同意转为正式党员。

支部大会应到会有表决权的党员 6 人,实到会 5 人(一人事假),1 人为预备党员。大会采取举手的方式表决。表决结果：一致同意梅青青同志转为正式党员。

希望梅青青同志以党章规定的标准严格要求自己，发扬成绩，克服不足，为党和人民的事业奋斗终身。

寺头镇教办党总支支部
2013 年 12 月 17 日

（资料来源：http://www.51edu.com）

（二）决定与议案的区别

议案涉及重大问题并且有一定的呈文程序，是请求人民代表大会予以审议的文书，议案具有建议性、可行性特点。而决定表现了领导机关对重要事项或者重大行动安排的决策，决定内容具有不可更动的确定性，制约着下级机关必须遵照执行。

【例文】

国务院关于提请审议《中华人民共和国著作权法（草案）》的议案

全国人民代表大会常务委员会：

为了鼓励公民积极从事有益于社会主义精神文明和物质文明建设的教育、科学、技术、文学、艺术等创造性的活动，促进优秀作品的创作与传播，提高全民族的科学文化水平，保护文学、艺术、科学作品的作者和其他著作权人的合法权益，国家出版局草拟了《中华人民共和国著作权法（草案）》。这个草案已经国务院同意，现提请审议。

总理：×××
××年××月××日

（资料来源：http://www.xjkunlun.cn）

【评析】

该议案是法律法规提请议案。虽然只有一段，但包含两层含义：一是案由，即提请议案的目的；二是提请议案的议题，十分简明。

【例文】

关于表彰三好学生、优秀学生干部的决定

为了总结经验、表彰先进、树立典型，激励广大学生积极进取，奋发向上，认真学习，进一步推动我校各项工作的深入开展，根据《山东××职业学院学生奖励实施办法》，经各班评选，所在专业部推荐，学生处审核，李××、万××、商××等118名同学被评为"三好学生"，赵××、孙××、朱××等76名同学被评为"优秀学生干部"。

现将名单公布如下：

三好学生名单：略

优秀学生干部名单：略

希望受表彰的同学珍惜荣誉，再接再厉，争取更大的成绩；同时希望全体同学以先进为榜样，群策群力，为营造良好的校风和学风做出新的贡献。

山东××职业学院
二〇一四年一月二十二日

【评析】

这是一篇表彰性决定，文中提出了表彰的目的，激励学子积极进取、再创佳绩，同时，提出了表彰的依据和表彰的内容，最后提出了希望和号召。

写作训练

1. 经过一个学期紧张的项目化学习实践，你收获很多，也发现了自己有许多的不足，请就此课程学习，写一份学习总结。
2. 你作为学生会的干部，带领大家经过一年来的不懈努力，学生会的工作日渐成效，并得到了校团委、院领导和广大同学的认可，请写一份学生会工作总结。
3. 请以×××学院团委的名义写一份表彰 2014 年先进团组织、优秀共青团干部和优秀共青团员的表彰决定。

情境迁移

情境一：你在公司的销售部门做销售员，你因销售成绩突出而被公司表彰。公司领导决定，让你作为优秀员工代表，在公司的年终总结大会上发言，介绍自己的成功经验。

情境二：你作为一个在校大学生，热心公益活动。暑假时你报名参加了贫困山区支教活动，在与山区孩子接触过程中，你有很多感触与收获。回校后，你需要做一个暑假志愿者支教活动总结。

情境三：作为部门主管，在公司年终工作大会上需对本部门的工作做一个全面的总结，你需要起草完成一份部门工作总结。

情境四：公司领导决定对入职培训中表现优异的新员工进行奖励，你作为办公室秘书，需要起草一份表彰决定。

知识拓展

议案

一、议案概述

（一）议案的概念

议案是指国家大会代表，大会常务委员会向本届大会提出，并请求大会予以审议的文书。议案一般涉及重大问题，具有建议性、可行性特点。《宪法》第 72 条规定："全国人民代表和全国人民代表大会常务委员会组成人员，有权依照法律规定的程序分别提出属于全国人民代表大会和全国人民代表大会常务委员会职权范围内的议案"。

（二）议案的特点

1. 制发机关的法定性

议案的制发机关只能是各级人民政府，政府的职能部门无权制发。

2. 内容的特定性

人民政府所提议案的内容，必须属于该人民代表大会或常务委员会职权范围内的有关事项。

3. 时效的规定性

各级人民政府的议案，应当而且必须在同级人民代表大会或其常务委员会举行会议规定的限期前提出，否则不能列为议案。超过期限提交的议案一般改作"建议"处理，或移交下次人大会议处理。提交大会审议的议案，必须限期审议表决或提出处理意见。

4. 行文的定向性

议案只能由各级人民政府向同级人民代表大会或其常务委员会行文，不能向其他部门单位行文，主送机关也只有一个。

5. 事项的必要性和可行性

适合提交人大议案审议的事项，必须是重要事项，符合人民群众的意愿和要求，而且议案中提出的方案、办法措施，也必须是切实可行的，才有可能获得通过。

二、议案的结构与内容

议案由标题、主送机关、正文、落款组成。

（一）标题

标明×议案，如"××省（市）第××届人民代表大会第×次会议代表议案"。如果这个议案提交后，则由主管部门在标题下加上编号，以备查找。

（二）正文

正文包括提出议案的案由、案据和方案。

1. 案由

案由即提一个什么问题，要求什么部门解决。案由要简明、醒目，最好能用一句话概括。写上提议人的姓名（自己签名），如果有人赞同这个议案，可在提议人的后面写上附议人的姓名（自己签名）。如果是集体的名义写的议案，则要把单位的全称写出来。提议人、附议人的姓名或单位名称也可以写在正文右下方。

2. 案据和方案

案据和方案即说明为什么要提出这个议案以及对所提问题的解决办法与建议。表述要有层次。可以分条写，也可以写成一大段包含几层意思。

（三）落款

日期。在议案的正文右下方写上×年×月×日。

议案撰写要目的明确，理由充分，文字简洁，忌用命令口气。

【例文】

2010年××市十一届人大五次会议关于加强对食品安全的监管的议案

食品安全涉及方方面面，是一个系统工程，虽然近几年来从中央到地方都在加强食品安全监管，国家出台了食品安全法，但其贯彻执行力度远远不够。

建议：一、依法履行食品安全监管职责，严格落实责任制。从生产到流通各环节实行有关部门首要负责制，把责任层层落实到位，并有机结合，相互配合，做到"安全有人管，责任有人担"。强化食品安全监管职责。组织各监管部门加强对食品源头、生产加工、市场流通和餐饮消费等各个环节的监管，采取"查、治、管、建、扶"等工作措施，开展各类专项整治活动，确保不发生重大食品安全事故。二、通过广播、电视等媒体，广泛宣传，营造良好的社会氛围。对农户、个体及私营企业开展"无公害生产知识""正确使用农药兽药"等种、养方面的宣传。培训食品安全监管员，开通"××市食品安全网"，及时发布市食品安全信息和工作开展情况，加大对食品安全法律法规和有关知识的宣传力度，不断提高食品生产者、经营者、消费者的食品安全防范意识。三、对农产品生产、加工及销售公司严格市场准入制度，对其销售的产品进行抽检、备案。加强日常监管和检查，扩大食品抽样检测覆盖面和频次，严厉打击制售假劣食品的违法行为，确保食品质量安全。四、加大经费投入，要把农产品检测、购置设备等费用列入财政预算。

××年××月××日

（资料来源：http://blog.renren.com/share）

参考文献

[1] 潘力锐. 新编应用文写作. 长沙：湖南师范大学出版社，2010.
[2] 朱利莎. 新编应用文项目化教程. 北京：新华出版社，2014.
[3] 王粤钦，陈海燕. 新编应用文写作. 大连：大连理工大学出版社，2014.
[4] 林培明. 现代通用应用文写作教程. 北京：中国出版集团现代教育出版社，2013.
[5] 张晔，王粤钦. 新编财经应用写作. 大连：大连理工大学出版社，2005.
[6] 马伟胜. 公文写作、处理与病例评改（修订版）. 南宁：广西人民出版社，2013.
[7] 蔡铭泽. 新闻传播学. 广州：暨南大学出版社，2003.
[8] 卡罗尔·里奇著. 新闻写作与报道训练教程. 钟鑫译. 北京：中国人民大学出版社，2009.
[9] 高钢. 新闻报道教程. 北京：高等教育出版社，2010.
[10] 丹尼尔·威廉森著. 特写写作技巧. 北京：新华出版社，1986.